Katrin Michel

MEDITATIONEN FÜR

Mamas

Katrin Michel

MEDITATIONEN FÜR

Mamas

Wie Entspannung
im Alltag gelingt –

auch ohne
Zeit und Ruhe

Mit 3 Gratis-Downloads für Meditationen

Kösel

Verlagsgruppe Random House FSC® N001967

Copyright © 2020 Kösel-Verlag, München,
in der Verlagsgruppe Random House GmbH,
Neumarkter Str. 28, 81673 München
Umschlag: Weiss Werkstatt München
Umschlagmotive: © MarShot/Shutterstock.com (Mandala)
und © Nathalie Laeube (Frau in Meditationshaltung),
nathalie.laeube@gmail.com
Illustrationen im Innenteil: Nathalie Laeube,
2019 stock.adobe.com (Mandalas)
Redaktion: Daniela Gasteiger
Satz: Leingärtner, Nabburg
Druck und Bindung: Grafisches Centrum
Cuno GmbH & Co. KG, Calbe (Saale)
Printed in Germany
ISBN 978-3-466-31132-3
www.koesel.de

Dieses Buch ist auch als E-Book erhältlich.

Inhalt

Teil 2

Deine Meditations-Übungen 39

Vorwort

Liebe Mama, wie wunderbar, dass du dieses Buch zur Hand nimmst, um etwas mehr über Meditation zu erfahren. Ich möchte gleich mit einer Frage an dich starten: Hast du schon einmal meditiert?

Ich habe nicht nach der Meditation gesucht, vielmehr war es so, dass sie mich gefunden hat. Einfach so. Denn meine erste Erfahrung mit Meditation machte ich an einem Yogawochenende in einem Aschram. »Am besten, ihr legt euch die Yogamatte direkt neben das Bett und fallt von eurer Matratze nach dem Schlaf vor Sonnenaufgang direkt auf die Matte. Dann macht ihr eure Sonnengrüße und meditiert anschließend für 30 Minuten.« Als ich die hoch motivierenden Worte der Yogalehrerin hörte, sträubten sich mir in diesem Moment die Haare. Nicht, dass ich mir ihre Worte nicht zu Herzen genommen hätte, denn ich wollte ja Meditation in meinem Alltag integrieren, aber trotzdem scheiterte ich zu Hause bereits nach nur zwei Tagen. Ich war schon immer eine Langschläferin und liebe es, spät aufzustehen, und seitdem ich Mama bin, erst recht. Jede Minute Schlaf ist für mich kostbar, und selbst wenn ich als erstes Familienmitglied wach bin (und das kommt wirklich nicht allzu oft vor), dann nehme ich mir genau diese Zeit, um noch ein paar Minuten faul im Bett liegen zu können. An Yogamatte und Meditation denke ich in diesen seltenen Momenten eher weniger.

Diese erste Erfahrung hat mich eher abgeschreckt, und so ist Meditation erst einmal wieder aus meinem Leben verschwunden. Zu sehr verwurzelt war in mir die Vorstellung, dass man beim Meditieren stundenlang und bewegungslos mit gekreuzten Beinen in einem unbequemen Sitz auf hartem Boden zubringt. Ich stellte mir vor, dass ich weit weg von jeglicher geistiger und körperlicher Entspannung in der Meditationsrunde von Teilnehmer zu Teilnehmer hin und her blinzelnd um mich sehen würde, um dabei festzustellen, dass alle anderen tiefenentspannt, locker und leicht auf ihrem Meditationskissen sitzen und wahrscheinlich gerade in diesem Augenblick die besten Minuten am Tag verbringen. Und ich würde mich wahrscheinlich mit der Frage quälen: Warum in aller Welt funktioniert Meditation bei allen anderen, nur nicht bei mir? So stellte ich mir das Meditieren lange Zeit als eine esoterische Veranstaltung vor, die zu mir so rein gar nicht zu passen schien. Noch dazu fragte ich mich, wie ich eine Meditationspraxis in meinen Alltag einbinden sollte, der durch Familie, Teilzeitjob, Teilselbstständigkeit und Haushalt bereits sehr voll ist. Ich war fest davon überzeugt, dass es kein Zeitfenster in meinem Tag für Meditation geben könnte.

Meinem Bauchgefühl folgend, meldete ich mich trotzdem zu einer Fortbildung an, um Meditationsleiterin zu werden. Vielleicht lag es daran, dass Weihnachten kurz vor der Tür stand und ich die Aussicht auf eine Woche Urlaub in einer so hektischen Zeit ziemlich verlockend fand. Acht Stunden nur für mich, während der Rest der Welt gestresst von Laden zu Laden hetzte, um noch die letzten Geschenke zu besorgen. Als ich bei der Vorstellungsrunde an der Reihe war, wusste ich eigentlich überhaupt nicht, was ich so recht auf die Frage sagen sollte, warum ich hier war. »Ja, ich bin Katrin, arbeite im Kindergarten und bin Mama. Ich suche Geduld und Ruhe«, war alles, was ich hervorbrachte. Obwohl ich noch nicht genau begründen konnte, warum ich an dieser Fortbildung teilnahm, merkte ich ganz deutlich, dass ich einen Ausgleich brauchte. Der ganze Trubel und auch der Versuch, immer allem gerecht zu werden, sei es der Arbeit, der Familie, dem Paar-Sein und -Bleiben, dem Haushalt und meinen Freunden, irgendwie war immer etwas los. Es fehlte einfach die Zeit, der Seele Augenblicke zu schenken, um alles Erlebte bewusst zu verarbeiten. Ich war auf der Suche nach meiner Pausentaste für den Alltag, um wenigstens in einigen Momenten zu mir selbst zu finden. War es tatsächlich möglich, einmal alles kurz zu vergessen? Sowohl das Vergangene als auch das Zukünftige, sodass nur das Hier und Jetzt zählt?

Die erste Erkenntnis der Fortbildung war vielleicht die wichtigste überhaupt. Meditation kann jeder! Denn es gibt fast neun Milliarden Menschen auf der Welt und genauso viele Arten der Meditation. Beim Meditieren gibt es also kein Richtig und kein Falsch. Ich musste also nicht wie bisher angenommen um fünf Uhr morgens auf die Matte hüpfen und dann eine mir endlos vorkommende Zeit auf meinem Meditationskissen aushalten? Drei Minuten am Tag sollten wirklich reichen? Diese Einsicht war so befreiend, so grundlegend neu für mich und fühlte sich wahnsinnig gut und richtig an. Fest davon überzeugt, dass ich die für mich passende Meditationsweise finden würde, konnte ich mich auf die unterschiedlichsten Meditationsarten, die vorgestellt wurden, einlassen. Ich probierte aus, sammelte und teilte Erfahrungen, und mit jedem Mal konnte ich mehr loslassen, mehr in mein Inneres eintauchen.

Vierzig Tage braucht es, um aus einer Tätigkeit eine Gewohnheit werden zu lassen. So stand am Ende der Fortbildung für mich fest, dass ich diesen Zeitraum mit Meditation einmal am Tag auf jeden Fall schaffen wollte. Das Gute daran war, dass ich bereits fünf intensive Tage hinter mir hatte. Somit blieben nur noch 35 Tage übrig. Ich wollte in diesem Zeitraum Beobachterin sein. Ich wollte ganz genau hinfühlen, ob und was sich in mir und an meinen Einstellungen verändern würde. Nun sind die vierzig Tage schon lange um, und mir fällt es nicht mehr wirklich schwer, ein Zeitfenster in meinem scheinbar so vollen Mama-Alltag zu finden, in dem ich meditiere. Ganz oft werden aus den drei Minuten, die ich mir vorgenommen habe, auch mal fünf oder sogar zehn. Ich merke, dass mir diese tiefen Einblicke in mein Inneres so guttun und ich die Welt um mich herum loslassen kann. Vom Außen ins Innen eintauchen. Ruhe finden, Kraft schöpfen.

Genau deshalb möchte ich dir in diesem Buch unterschiedliche Meditationstechniken vorstellen, die du ausprobieren kannst. Ganz wichtig dabei ist mir, dass meine Meditationspraxis nicht zwangsläufig auch deine sein muss. Meditation ist eine so individuelle Sache, und auch wenn du dich in ein Buch vertiefst, beim Tanzen Zeit und Raum vergisst oder gedankenverloren ins Leere blickst, dann ist das schon Meditation. Deshalb schau genau, was für dich stimmig ist, wo deine Präferenzen liegen und vertraue darauf, dass du deine Meditationstechnik finden wirst. Das Einzige, was du also fürs Meditieren brauchst, bist DU und drei Minuten!

Ich freue mich darauf, dich auf deinem Weg zu begleiten!

Deine Katrin

Teil 1

Deine Meditations-Basics

Deine Zeit nur für dich

Als Mama kenne ich das Gefühl nur zu gut, keine Zeit mehr für mich zu haben. Ich muss zugeben, dass ich auch in der Vergangenheit ziemlich kreativ war, Ausreden für mich zu finden, warum ich gerade heute nicht dazu komme, mir ein paar Minuten am Tag für mich zu reservieren. Da gibt es doch immer eine Spülmaschine zum Ausräumen, Wäsche, die abgehängt werden möchte, Kinder, die sich lauthals streitend in die Haare kriegen oder aber das Abendessen, das vorbereitet werden will. Und schon ist der Tag in Siebenmeilenstiefeln an mir vorübergezogen, und ich besinne mich am Abend bereits im Bett liegend, ja eigentlich wollte ich doch meditieren.

Das Wort Meditation kommt vom lateinischen *meditatio* und bedeutet so viel wie »das Nachdenken über«, das lateinische *medius* wird übersetzt mit »die Mitte«. Ich weiß genau, dass ich, wenn ich meditative Achtsamkeits- oder auch Konzentrationsübungen mache, wesentlich zufriedener und auch glücklicher bin, weil es für mich gleichzeitig bedeutet, dass ich mir genau das für ein paar Minuten am Tag gönne: Zeit für mich! Zeit, um meine Mitte zu finden und zur Ruhe zu kommen!

Und so habe ich beschlossen, eine feste Tageszeit für das Meditieren zu finden. Da ich ein ausgesprochener Morgenmuffel bin, habe ich meine

Meditationspraxis auf den Abend geschoben. Wenn die Kinder im Bett sind und ich mich selbst schon um kurz nach acht sehne, es ihnen gleichzutun, hilft es mir, zur Ruhe zu kommen. Den Tag hinter mir und die Gedanken verstummen zu lassen. Dabei schalte ich ganz bewusst mein Handy auf Flugmodus und genieße es, für diesen Moment einmal nicht erreichbar zu sein.

Seitdem ich dieses feste Ritual für mich gebildet habe, fällt es mir leichter, meinen inneren Schweinehund zu überwinden. Ja, wenn ich an einem Abend aus welchen Gründen auch immer nicht dazu komme zu meditieren, dann ist etwas an meinem Tag nicht rund, und es fehlt mir unglaublich.

Das kannst du tun

Überlege dir einmal ganz in Ruhe, zu welcher Tageszeit es für dich stimmig ist, drei Minuten deiner Zeit für das Meditieren zu reservieren. Vielleicht ist es am Morgen, wenn alle noch schlafen und du feststellst, wie gut es sich anfühlt, den Tag damit zu beginnen, etwas nur für dich getan zu haben. Vielleicht kannst du es aber auch fest auf deinem Weg zur Arbeit integrieren oder du findest am Nachmittag oder am Abend dein passendes Zeitfenster. Behalte gerade am Anfang dieses Zeitfenster bei. Es kann dir ungemein helfen, dranzubleiben, bis Meditation zu einem festen Ritual für dich geworden ist.

Hilfreich kann es auch sein, wenn du eine Art Meditationstagebuch führst. Hier kannst du deine Meditationserlebnisse und auch gleichzeitig deine Kontinuität festhalten. So hast du die Möglichkeit, dass Meditation nach und nach zu einer festen Gewohnheit, sozusagen zu deinem täglichen geistigen Zähneputzen, wird.

Deine Meditationsausrüstung

Bevor man zum allerersten Mal in den Skiurlaub fahren kann, benötigt man erst einmal eine gewisse Ausstattung. Und das weiß man spätestens, wenn man Kinder hat und noch nie zuvor im Winterurlaub gewesen ist. Für jedes Familienmitglied wollen wintertaugliche Jacke und Hose, Mütze, Schal und Handschuhe und jegliches Equipment rund um den Ski besorgt werden. Es kann passieren, dass man, bevor man überhaupt das Haus in Richtung Urlaub verlassen hat, durch die Besorgungen um einiges an Stress reicher und um einiges Geld ärmer ist. Beim Meditieren ist das anders. Du brauchst nur eins: DICH! Es sind keine besonderen Anschaffungen nötig, du kannst direkt loslegen. Vielleicht möchtest du lediglich deine Schuhe ausziehen und deine enge Jeans in eine bequeme Hose tauschen. Vielleicht hast du bereits ein Meditationskissen. Dann kannst du dieses natürlich sehr gerne verwenden. Es hat den Vorteil, dass es eine angenehme Höhe aufweist und zudem durch seine Füllung eine gute Festigkeit besitzt. So hast du optimalen Halt und kannst zudem einen aufrechten Sitz beibehalten. Allerdings ist es nicht dringend notwendig, denn du kannst als Alternative einfach ein Sofakissen als Sitzhilfe verwenden, oder du faltest eine Decke oder ein Handtuch so zusammen, dass du etwas erhöht darauf Platz nehmen kannst. Genauso gut ist es möglich, auf einem Stuhl zu meditieren.

Wenn du möchtest, kannst du auch ein Ritual für den Meditationsbeginn einführen. Trägst du eine Brille, darfst du diese zum Beispiel absetzen. Auch Schmuck oder deine Armbanduhr kannst du abnehmen. Diese Gegenstände wirst du beim Eintauchen in deine Innenwelt nicht brauchen. Gleichzeitig ist das Ablegen von äußerlichen Gegenständen eine symbolische Handlung, die den Anfang deiner Auszeit kennzeichnen kann.

Das kannst du tun

Beim Meditieren kann es sinnvoll sein, sich eine Decke oder auch ein Paar dicke Socken bereitzulegen, um es angenehm warm zu haben. Es ist möglich, dass du beim Meditieren das Gefühl für Zeit und Raum um dich herum verlierst. Vielleich möchtest du dir deshalb einen Wecker bereitstellen, der dich nach deiner gewählten Meditationszeit wieder sanft ins Hier und Jetzt zurückholt. Solltest du eine Art »Absitzmodus« bei dir beobachten und ständig darüber grübeln, wie lange es noch dauert, bis der Wecker klingelt, kann es sinnvoll sein, deinen Timer auch einmal wegzulassen. Apropos, wenn dir das Weckerklingeln als Meditationsende zu abrupt erscheint und du jedes Mal davon hochschreckst, dann gibt es im Internet einige Gongvarianten, die du dir als sanftes Wiederankomm-Signal auf deinem Handy speichern kannst. Möchtest du nach der Meditation deine Erfahrungen festhalten, dann kannst du natürlich gerne ein Heft und einen Stift paratlegen.

Dein Meditationsraum

Den Start in meine Meditationspraxis fand ich in der Ausbildung zur Meditationsleiterin. Am Anfang war ich noch sehr abgelenkt von allem, was um mich herum in der Gruppe geschah, aber nach und nach konnte ich mich immer mehr auf mich konzentrieren und loslassen. Am Ende dieser intensiven Woche fragte ich mich, ob ich es tatsächlich schaffen würde, ganz allein dranzubleiben und zu Hause weiterzumachen. Ich spürte, wie gut es sich anfühlte, von Menschen umgeben zu sein, die gerade das Gleiche taten wie ich. Eine unbeschreibliche Energie breitete sich zwischen uns aus, und auch durch die Anleitung des Lehrers fand ich einfach in die Meditation hinein. Wie würde das bei mir im stillen

Kämmerlein sein? Und ich stellte fest, es funktionierte. Nur einfach anders.

Zu Beginn meiner Meditationspraxis zu Hause war es mir sehr wichtig, dass ich immer am gleichen Ort und auch mit der gleichen Ausstattung meditierte. Das gab mir ein gewisses Gefühl an Sicherheit und auch Vertrautheit. Mein Geist und auch mein Körper wussten sofort, wenn ich mein rotes Meditationskissen bereitlegte, dass jetzt die Zeit zum Abschalten, zum Loslassen, zum Spüren da war. Trotzdem probierte ich auch andere Orte zum Meditieren aus. Zum Beispiel, wenn ich morgens auf dem Weg zur Arbeit in der völlig überfüllten U-Bahn saß oder aber wenn ich an meinem Arbeitsplatz angekommen war und noch einige Minuten Zeit hatte. Gerade am Anfang forderte es mich extrem heraus, an Orten zu meditieren, an denen ich von nicht meditierenden Menschen umgeben war. Ich fragte mich, was denken die Leute über mich, wenn ich in der U-Bahn die Augen schließe und tiefe Atemzüge nehme. Dabei stellte ich fest, dass ich mich mit meiner eigenen Aufmerksamkeit, abgelenkt zum Beispiel durch Geräusche, aber auch durch die Menschen um mich herum, extrem im Außen befand. Bis ich mir schließlich darüber im Klaren wurde, dass niemand überhaupt wissen konnte, dass ich meditiere. Niemand außer mir selbst kann in mein Inneres blicken. Der Gedanke daran, was andere von mir wohl denken, wurde gleichgültiger für mich, trat immer mehr in den Hintergrund, und mit der Zeit stellte ich fest, dass ich mich für meine Meditationspraxis vor niemandem rechtfertigen muss. Diese Tatsache war tatsächlich sehr befreiend für mich, und obwohl es auch an meinem Arbeitsplatz im Kindergarten und in der U-Bahn immer turbulent und laut war, konnte ich mich nach und nach immer mehr darauf einlassen. Ich machte hier andere Meditationserfahrungen als zu Hause und beobachtete das mit wachem Interesse.

Das kannst du tun

Wichtig für dich zu wissen ist, dass Meditation immer ein ganz individueller Prozess ist. Alles, was bei mir funktioniert, bedeutet nicht, dass es dir genauso geht. Und das ist völlig okay! Aber es hilft dir vielleicht, ein paar Anregungen zu bekommen, wo du meditieren kannst.

Für die Meditation kannst du einen Ort wählen, an dem du dich wohlfühlst und der dich somit beim Meditieren unterstützt. Vielleicht kannst du sogar einen festen Meditationsplatz etablieren und einrichten, sodass eine Kopplung zwischen Verstand und einem friedvollen, ruhigen Raum möglich wird. Du hast die freie Wahl, ob sich dein Meditationsplatz in einem geschlossenen Raum oder etwa in der Natur befindet. Wenn du in deiner Meditationspraxis bereits gefestigt bist, kannst du aber auch verschiedene Orte ausprobieren, um neue Inspiration zu erfahren. So ist es möglich, nicht nur zu Hause im stillen Kämmerlein einen Weg nach innen zu finden, sondern du kannst deine Meditationspraxis auch in dem mit Menschen gefüllten Bus in der Rushhour auf dem Weg zur Arbeit durchführen. Vielleicht suchst du auch einmal ganz bewusst einen Ort auf, an dem Musik in voller Lautstärke dröhnt, die dir absolut nicht gefällt, und versuchst hier in die Stille deiner Meditation einzutauchen. Einen Versuch wäre es allemal wert! Probiere aus, womit du dich wohlfühlst!

Deine Meditationshaltung

Als ich das erste Mal meditierte, fragte ich mich, wie ich nur diesen unbequemen Sitz durchhalten soll. Damals dachte ich noch, dass eine Meditation eine gefühlte Ewigkeit dauert und man eines auf keinen Fall dabei darf: sich bewegen. Ich hatte das Bild im Kopf, wie ich auf einer

Matte in einer ziemlich anstrengenden Sitzhaltung stundenlang verharren muss und mir der gesamte Körper schmerzt. Ich dachte an eingeschlafene Beine, zwickende Knie, einen schmerzenden Rücken, einen verspannten Nacken, eine juckende Nase und dass es sich ganz bestimmt nicht gut anfühlen würde, wenn vielleicht alles zusammen auftritt. Ich fragte mich, wie ich in aller Welt bei diesen Qualen zur Ruhe kommen sollte? Noch dazu stellte ich mir vor, dass diese ganzen »Nebenwirkungen« bestimmt nur bei mir vorkommen und alle anderen tiefenentspannt in ihrer Mitte ruhen.

Die Sorge, dass ich stundenlang in einer Position würde ausharren müssen, entpuppte sich am Anfang meiner Ausbildung bereits als riesiges Klischee. Wir starteten mit drei Minuten langen Meditationen und mir fiel ein Stein vom Herzen, als ich mir dessen bewusst wurde. Denn hey, drei Minuten würde ich ein eingeschlafenes Bein, zwickende Knie, einen schmerzenden Rücken und verspannte Nackenmuskeln und Schultern oder eine juckende Nase schon aushalten. Notfalls auch alles zusammen. Als meine erste Drei-Minuten-Meditation ihrem Ende entgegenging, war tatsächlich mein linkes Bein eingeschlafen und mein Rücken meldete sich. Warum aber, fragte ich mich, merke ich meinen angespannten Körper beim Meditieren eigentlich so deutlich? Es mochte vielleicht mit daran liegen, dass die Sitzvariante, die ich gewählt hatte, nicht gut zu mir passte oder aber, dass ich sie nicht gewohnt war. Daher war es für mich sehr interessant zu erfahren, dass es eine Menge Möglichkeiten gibt, ich genau wie bei der Meditationsweise meinen ganz eigenen Sitz erst finden musste und auf diesem Feld jede Menge ausprobieren konnte.

Besonders spannend war es aber auch zu sehen, dass die meisten Menschen, die meditieren, solche Begleiterscheinungen oder Meditationserfahrungen wahrnehmen. Ich war also gar nicht allein mit meinen ganzen Beobachtungen. Eine durchweg befreiende Erkenntnis. So lernte ich, dass mir mein herzallerliebstes Ego genau diese Botschaften schickt. Meine eingeschlafenen Beine waren also reine Ablenkungsversuche meines Egos, um mich davon abzuhalten, mich tief sinken zu lassen. Mach dir klar, dass schmerzende Schultern, zwickende Knie oder andere Dinge einem zeigen, dass die eigene Meditation funktioniert, anstatt davon auszugehen, dass sie genau deshalb kein bisschen klappt. Dann, wenn ich ein eingeschlafenes Bein verspüre, sage ich mir, »Schau an, da will dich nun dein Ego vom Meditieren abhalten«. Dann lächle ich und konzentriere mich wieder auf meinen Atem. Weitermachen, anstatt aufzuhören, so hatte ich das noch nie gesehen und ausprobiert. Das Erstaunliche ist, dass das Bein auf einmal zu kribbeln aufhört und auch andere Probleme nicht mehr auftreten.

Und noch einen weiteren Aspekt möchte ich gerne mit dir teilen. Ich hatte mir das Sitzen beim Meditieren als unbequem und sogar schmerzhaft vorgestellt. Denn als ich mit der Meditation anfing, war ich körperlich in keiner guten Konstitution. Ich hatte früher nie wirklich Sport gemacht und Bewegung zählte ganz bestimmt nicht zu meinen größten Hobbys. Vielleicht keine guten Voraussetzungen, denn zum Stillsitzen muss man sich zwar nicht bewegen, aber einen aufrechten Rücken über einen längeren Zeitraum beizubehalten, ist tatsächlich manchmal schwerer als eine Gymnastikübung für Fortgeschrittene. Auch eine Beinhaltung wie der einfache Schneidersitz kann für Ungeübte wie mich durchaus herausfordernd sein. Ich hatte mich also darauf eingestellt, dass mein wenig flexibler Körper nicht dafür gemacht sei, und ich erwartete fast schon, dass meine Beine einschlafen und ich Rückenschmerzen bekommen würde. Wenn man also all das erwartet, warum soll es dann nicht auch genau so eintreffen? Nach langem Üben, und zugegebenermaßen machen hier die Wiederholung und das Dranbleiben wirklich die Meisterin (zumindest ansatzweise), korrigierte ich nicht nur meine körperliche Haltung, sondern veränderte auch meine geistige. Ich stellte mir anstelle von Schmerzen und unglaublicher Anstrengung vor, wie ich mit Leichtigkeit und Anmut meinen Meditationssitz einnahm und ich mich in diesem zudem völlig wohlfühlte. Das wirklich Erstaunliche daran ist, dass es funktioniert.

Also, probier auch du es aus! Lass dich nicht abhalten von deinem Körper, der vielleicht in deinen Augen nicht fürs Meditieren geeignet ist. Lass dich auch nicht abhalten von negativen Gedanken, die dich, anstatt dich näher zu dir selbst zu bringen, weiter von dir entfernen. Mag sein, dass sich das jetzt etwas plakativ anhört, aber weißt du was, fang einfach an und leg los! Trotzdem gilt, dass achtsames Üben gerade beim Meditieren von großer Bedeutung ist. Solltest du anhaltende Schmerzen empfinden oder dich dauerhaft unwohl fühlen, kannst du eine andere Sitzhaltung ausprobieren. Nimm den Druck von dir und wirf das Bild, wie man deiner Meinung nach beim Meditieren sitzen sollte, einfach über Bord und öffne dich so für deine ganz persönliche Variante.

Tipps für eingeschlafene Beine

Bei schmerzenden Knien kannst du dich mit Polstern ausstatten und deine Knie weich betten. Oder du probierst einmal, auf einem Stuhl zu meditieren. Bei Rückenproblemen kannst du dich auf ein erhöhtes Kissen setzen. Das hilft dir, deinen Rücken zu entlasten und eine aufrechte Sitzposition einzunehmen. Bei Schulterproblemen kannst du eventuell ein paar Schulter- und Nackenübungen vor deiner Meditationspraxis machen.

Welche Meditationshaltung ist die richtige für mich?

Damit du für dich ausprobieren kannst, welcher Sitz für dich der richtige ist, möchte ich dir an dieser Stelle einige Varianten vorstellen. Es ist ganz wichtig, dass du bequem sitzt. Nimm dir die Zeit, um herauszufinden, welche Haltung zu dir passt. Achte auch darauf, dass du deine Arme so hältst, dass deine Schultern entspannt bleiben.

Eine beliebte Pose zum Meditieren ist der **Schneidersitz**, bei dem du einfach die Beine vor dir kreuzt. Bei dieser Sitzposition zeigen deine Knie sanft nach unten. Die Wirbelsäule richtest du auf und dein Bauch und deine Schultern sind entspannt. Dein Kinn ist parallel zum Boden ausgerichtet, sodass du ganz viel Länge im Nacken gewinnst. Versuche einmal, wie es sich anfühlt, wenn du ein Kissen unter deinem Gesäß platzierst und du somit erhöht sitzt. Fällt es dir hier leichter, einen geraden Rücken beizubehalten? Es ist zudem lohnenswert, auch einmal die Sitzhöhe zu variieren. So kannst du eine unterschiedlich oft gefaltete Decke verwenden und deine ganz eigene Sitzhöhe finden.

Eine andere Variante ist der **Fersensitz**. Hier sitzt du mit deinem Gesäß auf deinen Fersen. Wie beim Schneidersitz richtest du die Wirbelsäule bewusst auf und platzierst deine Hände so, dass Nacken und Schultern entspannt sind. Wenn du feststellst, dass du mit deinem Gesäß die Fersen nicht erreichst oder es sich im ersten Augenblick unbequem anfühlt, kannst du einmal ausprobieren, ob sich daran etwas ändert, wenn du ein Kissen oder eine gefaltete Decke zwischen deine Beine klemmst. In dieser Variante hast du die Möglichkeit, dein Gesäß etwas erhöht abzusetzen. Das hilft dir, deine Knie beim Sitzen zu entlasten und du kannst eine aufgerichtete Wirbelsäule beibehalten.

Wenn du mit deiner Meditationspraxis beginnst, kannst du erst einmal den **halben Lotussitz** üben. Hierfür sitzt du mit gegrätschten Beinen auf dem Boden oder auf dem Kissen deiner Wahl. Dabei ist dein Rücken gerade und dein Kopf ist aufgerichtet. Nun beugst du das rechte Bein und legst den rechten Fuß mit der Fußsohle an die Innenseite des linken Oberschenkels. Als Nächstes beugst du das linke Bein und legst den linken Fuß auf dem rechten Oberschenkel ab. Versuche hierbei, deine Knie, so weit es geht, zum Boden zu bringen. Die Hände kannst du ruhend auf deinen Knien ablegen.

Für den **vollen Lotussitz** bringst du das linke Bein über das rechte Bein, indem du den Fuß weit oben auf dem rechten Oberschenkel ablegst. So befindet sich das linke Bein oben. Idealerweise berühren beide Knie den Boden.

Solltest du dich in den sitzenden Varianten auf dem Boden nicht wohlfühlen, kannst du dich für die Meditation auch auf einen **Stuhl** setzen. Achte hierbei darauf, dass deine Beine im rechten Winkel aufgestellt sind, dass du mit deinem Gesäß auf der vorderen Stuhlkante sitzt und dich somit nicht anlehnst. Sitze auch hier aufrecht und gerade, schiebe das Brustbein in Richtung Decke und lasse die Schultern ganz locker nach unten sinken. Deine Hände kannst du sanft auf deinen Oberschenkeln ruhen lassen.

Es ist ebenfalls möglich, **im Liegen** zu meditieren. Hier empfehle ich dir einen Arm anzuwinkeln, sodass dein Unterarm und deine Hand im 90-Grad-Winkel aufgerichtet sind. Solltest du einschlafen, signalisiert dir das dein Arm durch Entspannung, und er sackt in diesem Moment automatisch nach unten. Damit dient er dir als eine Art Wecksignal und du kannst mit einem wachen Geist weitermeditieren.

Deine Meditationsdauer

Hast du schon einmal darüber nachgedacht, das Zähneputzen sein zu lassen, weil keine Zeit dafür ist? Nein, oder? Denn du machst es einfach. Es gehört zu deinem Tag dazu, ohne dass du darüber nachdenken musst. Obwohl ich Mama bin, obwohl ich meinen Beruf im Kindergarten habe und obwohl ich nebenbei mein kleines Label führe, trotzdem schaffe ich es, mir zweimal am Tag die Zähne zu putzen. Besonders lobenswert ist das nicht, wirst du denken, denn es gehört dazu. Ich möchte schließlich keinen Mundgeruch haben und zum Zahnarzt gehe ich gelinde gesagt auch ziemlich ungern. Warum sollte Meditation also nicht genauso wie das Zähneputzen als ein fester Bestandteil des Tages angesehen werden? Als eine Art Geist- und Körperhygiene, die einem hilft, gesund zu bleiben? Eine Routine, die zum Tagesablauf schlichtweg dazugehört. Seitdem mein Vorurteil beseitigt war und ich mir darüber bewusst geworden bin, dass drei Minuten für eine Meditation ausreichen, hatte ich auf einmal keine Ausrede mehr, es nicht zu tun. Der Druck fiel von mir ab, denn drei Minuten, das war mir völlig klar, drei Minuten, die würde ich schaffen, und zwar regelmäßig. Ich suchte mir also eine sanfte Aufweckmusik auf meinem Smartphone aus, denn schließlich sollten nicht dröhnende Bässe oder ein Schlagzeugsolo das Meditationsende für mich einläuten. Ich stellte den Wecker auf drei Minuten und probierte es aus. Und ich war erstaunt, wie schnell drei Minuten umgehen. Wenn mir das zu wenig war, gönnte ich mir einfach die gleiche Zeit noch einmal on top.

Aber was bedeutet eigentlich regelmäßig? Mein Ziel war es, dass das Meditieren zu einer Gewohnheit wird, die ich ganz wie von selbst täglich mache. Ich besorgte mir ein kleines Heft, was mir unglaublich zugutekommt, denn ich liebe Notizbücher jeglicher Art, und es war gleich ein doppelter Anreiz, mir noch eines davon für meine Meditationspraxis zu kaufen. So war ich schon von Anfang an hoch motiviert. Aber wie das mit guten Vorsätzen ist, man gibt sie oftmals nach einer gewissen Zeit, die bei mir zugegebenermaßen sehr kurz ausfallen kann, wieder auf. Oder hast du deine letzten Vorsätze von Silvester immer noch im Kopf und verfolgst aktiv ihre Umsetzung? Der Unterschied zwischen den Silvestervorsätzen und der Meditation ist, dass man sehr schnell den positiven Effekt der Meditationen am eigenen Leib und in seinen Gedanken wahrnimmt. Hierfür will ich dir ein Bespiel geben.

Ich startete mein Vierzig-Tage-Meditationsvorhaben mit der Einfachen Meditation, die ich dir als zweite

Meditation im Praxisteil des Buches vorstellen werde. Diese Meditationsform funktionierte bei mir besonders gut. Ausgangspunkt dafür war, dass ich mir für meinen Alltag mehr Geduld wünschte. Denn zu diesem Zeitpunkt war ich ein sehr ungeduldiger Mensch. Mit meinem Mann war ich ungeduldig, wenn er Aufgaben nicht erledigte, die doch so offensichtlich getan werden mussten. Mit meinen Kindern war ich in vielen Momenten ungeduldig. Vor allem dann, wenn wir eigentlich schon viel zu spät dran waren. In solchen von mir als stressig empfundenen Augenblicken schlichen beide Jungs noch im Schlafanzug durch die Wohnung, und ich forderte sie gefühlte zehnmal zum Anziehen auf, bevor sie es wirklich taten. Aber auch in Konfliktsituationen mit ihnen zeigte sich dieser Charakterzug. Ich geriet schnell in Rage und sagte dann Dinge, die mir kurze Zeit später schon wieder leidtaten. Und vielleicht war ich sogar mit mir selbst am ungeduldigsten.

Ich brauchte also nicht sehr lange zu überlegen und mein erstes Meditationsobjekt stand fest. Ein Meditationsobjekt beschreibt die Ausrichtung und Fokussierung der Konzentration auf einen Gegenstand, wie ich dir weiter unten ausführlicher erklären werde (siehe S. 27). Mein Meditationsobjekt war das Wort Geduld. Ich sagte mir »Geduld« beim Ein- und beim Ausatmen. Rhythmisch rezitierte ich es im Geist immer und immer wieder. Das tat ich jeden einzelnen Tag, und ich merkte nach kurzer Zeit den durchweg positiven Effekt. Ich hatte tatsächlich in Situationen, in denen ich früher sofort an die Decke gegangen wäre, mehr Geduld. Ich konnte bei Streitigkeiten besser zuhören, die andere Seite der Medaille ein wenig mehr verstehen und fühlte mich gleichzeitig ebenfalls mehr gesehen und gehört. Dieser Erfolg führte dazu, dass es für mich gar nicht so schwer war, die vierzig Tage durchzuhalten. Ja, ich bin am Ende fast überrascht gewesen, dass schon wieder so viel Zeit vergangen war. Heute ist diese für mich so wertvolle Me-Time aus meinem Alltag nicht mehr wegzudenken.

Das kannst du tun

Setze deine Messlatte am Anfang nicht so hoch. Drei Minuten Meditation reichen am Tag völlig aus. Vielleicht möchtest du auch ein Heftchen für deine Meditationspraxis bereitlegen, um alles Wichtige, was du beim Meditieren erlebst, aufzuschreiben. Und halte die vierzig Tage durch! Natürlich ist es auch nicht verboten, länger zu meditieren oder es zumindest auszuprobieren. Denn auch wenn ich es mir am Anfang nicht so recht vorstellen konnte, es geht tatsächlich auch über 25 Minuten oder länger, in Stille fokussiert bei sich zu sein. Das stellt für mich eine enorme Herausforderung dar, die mich aus meiner Komfortzone herausbringt, sich aber immer wieder lohnt. Es ist unglaublich, was der Geist in 25 Minuten alles machen kann. Und allein das ist schon interessant zu beobachten, was passiert, wenn man dieses Auf und Ab der Gedanken und Emotionen einmal geschehen lässt. Doch eines zeigt sich bei mir fast immer, wenn ich über einen längeren Zeitraum meditiere. Ich komme immer wieder an den Punkt, an dem mir meine Gedanken sagen, dass das Herumsitzen doch völlig sinnlos ist. Die Punkte auf meiner To-do-Liste rufen, und vielleicht auch nicht nur sie, sondern ebenso meine Kinder. Gerade in diesem Moment, wo es am allerdeutlichsten spürbar wird, dass der Geist wieder vom Innen ins Außen gehen will und das Aufhören die naheliegende Konsequenz darstellt, ist es eine enorme Herausforderung, sitzen zu bleiben und zu atmen. Dann stellt man fest, dass es tatsächlich funktioniert, dass man seine eigenen Gedanken zur Ruhe bringen kann und dass es erstaunlicherweise meistens ziemlich schnell geht, wieder in den Flow zu kommen, und dass man genau eines tut, nämlich weitermacht. Ich habe so mein Durchhaltevermögen extrem geschult und auch meine Standhaftigkeit. Nicht aufgeben, obwohl man zweifelt, wie oft passiert das im Alltag? Aber genau in den Momenten, in denen es am allerschwierigsten erscheint, fortzufahren, daran zu glauben, dass man es schafft – genau das vermittelt mir meine Meditationspraxis. Und auch du kannst das schaffen!

Dein Meditationsobjekt

Bei der Meditation richtest du deine volle Aufmerksamkeit auf ein sogenanntes »Meditationsobjekt«. All deine Sinne sind demnach auf dieses fokussiert, und deine Gedanken und Empfindungen werden ganz bewusst darauf gelenkt. Dabei gibt es ganz unterschiedliche Meditationsobjekte. Wenn du Anfängerin bist, empfehle ich dir, mit der Atemmeditation (siehe S. 45) zu beginnen. Hier bleibst du mit deiner vollen Aufmerksamkeit bei deinem Atem und beobachtest diesen. Du kannst aber auch einen Satz oder ein Wort als Meditationsobjekt verwenden und dieses Mantra als Endlosschleife in Gedanken aufsagen. Es ist ebenfalls möglich, dass du deinen Fokus auf ein Gefühl legst, das du in deinem Körper an einer Stelle deutlich spüren kannst. Dann verweilst du mit deiner vollen Aufmerksamkeit genau hier. Viele Meditationsobjekte liegen also im Inneren. Du kannst dir jedoch genauso gut ein Objekt »außerhalb« von dir suchen. Hierzu zählt zum Beispiel die Betrachtung eines Mandalas (siehe S. 160).

Die eigene Konzentration zu bündeln, ist eine echte Herausforderung, und du wirst immer wieder feststellen, dass du von deinem Meditationsobjekt abschweifst und deine Gedanken wieder anfangen zu wandern. Das ist überhaupt nicht schlimm und vor allem zu Beginn völlig normal. Es ist schon allein ein großer Erfolg, genau das wahrzunehmen, und immer, wenn du ein Abschweifen bemerkst, wieder zu deinem Objekt zurückzukehren. Du wirst sehen, dass du deine Konzentration immer länger halten kannst, je öfter du die Meditation übst.

Dein Warum

Frage dich doch einmal ganz ohne Wertung nach deinem Warum und werde dir so über Wünsche, Ziele und Vorstellungen für deine Meditationspraxis bewusst. Das kann sehr hilfreich sein, denn eine starke Motivation wird sich in deinem Durchhalteverhalten widerspiegeln. Sei dabei aber nicht zu hart zu dir selbst. Es kann besser sein, die eigenen Wünsche erst einmal im Kleinen zu formulieren. Auch das wird dir helfen, deine Ziele wirklich zu erreichen und deine Wünsche umzusetzen. Vielleicht bringen dich die aufgeführten Fragen weiter und geben dir kleine Denkanstöße.

Was möchtest du mit der regelmäßigen Meditation erreichen?
Was ist dein Ziel? Was sind deine Wünsche? Deine Vorstellungen?

....

Gibt es Eigenschaften, die du als Mama gerne stärken möchtest?

....

Hast du negative Glaubenssätze, denen du einmal auf
den Grund gehen möchtest und die du gerne
durch etwas Positives ersetzen möchtest?

....

Hast du Gewohnheiten, die du gerne über Bord werfen möchtest?

....

*Gibt es Ängste, die du gerne näher betrachten
und loslassen möchtest?*

⸙ . . . .

*Was wäre das absolut Schönste,
was dir beim Meditieren widerfahren könnte?*

⸙ . . . .

Deine Meditationshindernisse

Angenommen, du hast deine Meditationspraxis vorbereitet, deinen Meditationssitz gefunden und eingenommen und schließt deine Augen, bereit, in dein Innerstes abzutauchen und achtsam im Hier und Jetzt anzukommen. Und was passiert? Du schweifst schon gleich am Anfang mit deinen Gedanken ab. Zu deiner Chefin oder deinem Chef, die bzw. der dich am Tag mit einem dummen Satz zur Weißglut gebracht hat, den unerledigten Wäschebergen, dem Streit deiner Kinder und zu dem, was es sonst noch so zu erledigen gibt am heutigen Tag. Eine wahre Gedankenflut überrollt dich, die eigentlich keine wirkliche Relevanz hat. Der Vergleich unseres Geistes mit einem rastlosen Äffchen, das sich in hoher Geschwindigkeit von Baum zu Baum schwingt, um am Ende wieder am Anfangsbaum anzukommen, mag dir hier vielleicht passend erscheinen. Schnell bekommst du dann das Gefühl: »Ach, Meditation funktioniert bei mir sowieso nicht!«, aber genau dann funktioniert sie besonders gut!

Diese von dir wahrgenommene Gedankenflut ist völlig normal. Denn wenn du zur Ruhe kommst, hat dein Geist erst einmal keine Aufgabe, die es zu bewältigen gilt. Anstatt dass dein Gehirn dann aber zur Ruhe kommt, gibt es in ihm Bereiche, in denen genau dann besonders viel

Aktivität gemessen werden kann. In diesem Moment stehen dir geistige Ressourcen zur Verfügung, die dein Gehirn nutzt, um sich beispielsweise zu erinnern, nachzudenken und zu planen. So begibst du dich in die Vergangenheit, die Zukunft oder du beginnst, dich in die Lage einer anderen Person hineinzuversetzen. Biologisch gesehen, macht dies durchaus Sinn, denn dadurch, dass wir Situationen simulieren, können wir Erlebtes auswerten und eine Abschätzung für die Zukunft treffen. Dadurch wägen wir ab, mit welchem Verhalten wir beispielsweise unser Ziel am einfachsten erreichen, oder wir schätzen ein, wie eine Person auf unser Verhalten reagieren könnte. So schweifen wir ganz automatisch ab und sind nur mit einem Teil der Aufmerksamkeit bei dem, was wir wirklich tun.

Am Anfang kann sich dein Geist nicht gleich über einen längeren Zeitraum voll und ganz auf ein Meditationsobjekt konzentrieren. Beginnst du erst mit deiner Meditationspraxis, ist es aber auch nicht das Ziel, und an dieser Stelle lohnt es sich vielleicht, dass du deine Erwartungen einmal überprüfst. Denn Meditation bietet die Möglichkeit, sich über seine Gedankenflut im ersten Schritt erst einmal bewusst zu werden, sie aber im gleichen Zuge nicht zu bewerten. Wenn du es lediglich wahrnimmst, dass der Affe wieder von Baum zu Baum springt und wenn es dir gelingt, diese Gedanken gehen zu lassen, um mit deiner Aufmerksamkeit wieder zum Meditationsobjekt zurückzukehren, dann bist du einen ganz, ganz großen Schritt vorwärts gegangen. Du wirst mit der Zeit lernen, deinen Geist zu kontrollieren, um ihn in eine Richtung zu lenken, in die du möchtest. Mit zunehmender Meditationspraxis wirst du mehr und mehr zur Ruhe kommen können. Wie auf wundersame Weise wirst du diese Ruhe oder auch jede andere Qualität in deinen Mama-Alltag übertragen können.

Deine Meditationserfahrungen

Während deiner Meditationspraxis kannst du unterschiedliche Erfahrungen sammeln, und es kann sehr spannend sein, diese einfach nur wahrzunehmen, ohne sie zu werten. Wenn du ihnen mit einer leichten Neugierde begegnest, wirst du sie schätzen und verstehen lernen. So kann es durchaus sein, dass du Farben siehst, dein Körper dem Impuls nach Bewegung nachgeht, du Hitze oder Kälte empfindest, während deiner Meditation Tränen fließen, sich dein Herzschlag verändert oder du auch etwas ganz anderes beobachtest. Möglich ist auch, dass du dich in besonderem Maße über äußere Umstände wie Temperatur, Geruch oder auch Geräusche aufregst, oder du nimmst körperliche Anzeichen wie Schmerzen beim Sitzen oder ein Vertiefen von Verspannungen wahr. Im ersten Moment scheint dies sehr störend zu sein, aber auch das ist in der Tat ein willkommenes Zeichen. Deine Meditation funktioniert!

Machst du solche Erfahrungen zum ersten Mal, dann kann es durchaus sein, dass du beunruhigt bist und das, was gerade geschieht, nicht ganz einzuordnen weißt. Vielleicht hilft dir der Gedanke, dass es Reinigungsprozesse sind, die du durchläufst. Wenn du damit nicht so viel anfangen kannst, dann ist das völlig okay, dann nimm es einfach nur wahr oder betrachte es als ein inneres »Aufräumen«. Dabei kannst du vielleicht beobachten, dass es ähnlich ist, als wenn du deinen Keller oder Dachboden entrümpelst. Es steckt manchmal mehr dahinter, als man vielleicht am Anfang vermutet hat. Ganz klar ist auch, dass zu Beginn ordentlich Staub aufgewirbelt wird. Aber genau das ist Voraussetzung für die einkehrende Sauberkeit. Deshalb lasse dich nicht entmutigen. Betrachte deine Emotionen, Gedanken oder Gefühle. Lass sie kommen, identifiziere dich nicht mit ihnen, sondern betrachte sie wie eine Zuschauerin, beobachte sie und lasse sie dann gehen, bevor du zu deinem Meditationsthema zurückkehrst. Wenn du etwas beunruhigend findest, dann hilft es oft, sich einfach wieder auf die Atmung zu konzentrieren, oder aber du sagst dir einen Satz wie: »Ich mache gerade eine Meditationserfahrung. Ich nehme sie wahr, ich spüre sie, aber ich lasse mich nicht beeinflussen. Ich verbinde mich mit meinem Atem.« Natürlich kannst du deine Meditation zu jeder Zeit sanft beenden und nachzuspüren. Schreibe deine Erfahrungen gerne auf und beobachte, ob sie wieder auftreten, wegbleiben oder wie sie sich im Laufe der Zeit verändern.

Dein Meditationstagebuch

Achtsamkeit ist nicht schwierig. Wir müssen nur daran denken! Um Meditation zu einer etablierten Gewohnheit in deinem Alltag zu machen, kannst du die folgende Tabelle nutzen. Sie hilft dir, dranzubleiben und einen besseren Überblick über deine Meditationspraxis zu behalten. Hake jeden Tag ab, an dem du meditiert hast, und nimm dir für jede Woche vor, drei bis fünf Haken zu setzen. Sei stolz auf jeden Haken, denn du bist es wert!

	Mo	Di	Mi	Do	Fr	Sa	So
1. Woche							
2. Woche							
3. Woche							
4. Woche							
5. Woche							
6. Woche							

Deine Basics in a Box

Was? Du brauchst nur dich. Zusätzlich dazu vielleicht bequeme Kleidung und einen Wecker. Solltest du den Timer auf deinem Handy als Endsignal der Meditation verwenden, kannst du trotzdem den Flugmodus aktivieren. So minimierst du eventuelle Störungen!

Wie und wo? Suche dir deinen Wohlfühlplatz zum Meditieren aus und wähle deine Haltung. Ob du im Schneider-, Lotussitz oder sitzend auf einem Stuhl meditierst, wichtig ist, dass du eine aufrechte Haltung einnehmen kannst. Deine Hände platzierst du auf deinen Knien oder deinen Oberschenkeln, und die Handflächen positionierst du wahlweise Richtung Himmel oder nach unten zur Erde zeigend. Im Liegen zu meditieren ist ebenfalls eine Möglichkeit, allerdings solltest du vermeiden, einzuschlafen, und achtsam im Moment bleiben.

Wann und wie lange? Das Wann ist egal. Schau, welcher Typ du bist. Ob morgens, mittags oder abends, die Meditation wirkt zu jeder Tageszeit. Vermeide nach dem Essen zu meditieren, denn da ist der Körper mit dem Verdauen beschäftigt und möchte eher seine Ruhe. Nimm dir in jedem Fall drei Minuten Zeit, wenn es länger wird, super, wenn nicht, ist es auch kein Thema. Es kommt eher auf die Regelmäßigkeit anstatt auf die Länge der Meditation an, denn du kannst bereits nach vierzig Tagen eine alltägliche Routine entwickeln.

Abschweifende Gedanken oder eingeschlafene Beine? Ärgere dich nicht und setze dich nicht unter Druck, wenn deine Gedanken immer mal wieder abdriften oder vielleicht deine Beine einschlafen. Allein, dass du wahrnimmst, dass deine Gedanken zu wandern beginnen, ist ein Meditationserfolg, unter den auch eingeschlafene Beine fallen. Mach weiter mit deiner Meditation und finde erneut deinen Fokus!

Wie wirkt Meditation – was sagt die Wissenschaft?

Mein Biologinnenherz schlägt natürlich absolut für Fakten und Messbarkeit, die die Wirkung von Meditation wissenschaftlich untermauern. Denn gerade bei dem Thema Meditation habe ich festgestellt, dass man doch oftmals kritisch beäugt und von vielen Menschen fast automatisch in die Esoterikschublade gesteckt wird. Allerhand Skeptiker bemühen sich, die Überzeugung von der Wirksamkeit der Meditation zu erschüttern. Entweder man legt sich dagegen ein dickes Fell zu, lässt jegliche Diskussion von vornherein bleiben, oder aber man schaut sich Zahlen und Fakten an. Diese schaffen wissenschaftliche Evidenz, die man auch in Gesprächen einbringen kann. Dabei geht es nicht darum, den Meditationsskeptiker von der eigenen Sichtweise zu überzeugen. Vielmehr gewinnt man dadurch vielleicht noch das Quäntchen Sicherheit, damit man auch in öffentlichen Diskussionen bei sich bleiben und zu seiner Meinung stehen kann.

Erst einmal lohnt es sich in dieser Hinsicht, den Blick aufmerksam auf unseren Supercomputer, das menschliche Gehirn, zu richten. Was zuerst als trockene, eher schnöde Theorie daherkommt, ist doch bei näherem Hinschauen wirklich erstaunlich und faszinierend. Denn was passiert mit deiner Gehirnaktivität, wenn du meditierst? Verarbeitest du beispielsweise Sinneswahrnehmungen, arbeitet dein Supercomputer mit einer Frequenz von 40 bis 80 Hertz, was wirklich beachtlich ist. Bei einem normalen Alltagsbewusstsein arbeitet das Gehirn mit einer Schwingung von 21 bis 23 Hertz. Diese wird nochmals reduziert, wenn du dich in einem leichten Entspannungszustand befindest (8 bis 12 Hertz). Durch Meditation erreichst du eine noch geringere Gehirnaktivität, die bei 3 bis 8 Hertz gemessen werden kann. Nur beim Tiefschlaf oder auch in Trancezuständen ist die Aktivität noch geringer und liegt bei 0,4 bis 3 Hertz.

Dies ist ein messbarer Beweis dafür, dass Meditation etwas in uns bewirkt. Einmal in diesen meditativen Zustand eingetaucht, bietet er die unglaubliche Möglichkeit, die Gedankenflut zu unterbrechen. Denn jeder Mensch denkt ungefähr 60 000 Gedanken am Tag. Eine unvorstellbar hohe Zahl. Da wir Mamas mit der Organisation des gesamten Familienalltags sehr beansprucht sind – was auch eine durchaus gute Sache ist, denn im Organisieren liegt ein unglaubliches Talent von uns Frauen –, bedeutet das, dass unser Supercomputer die ganze Zeit arbeitet und es kaum noch Phasen gibt, in denen wir einmal gar nichts denken müssen. Langeweile kommt nur im Wortgebrauch der älter werdenden Kinder vor und ist für viele Mamas ein Fremdwort. Vielleicht geht es dir sogar selbst so, dass du auch nachts denkst und denkst und denkst. Wenn ich eine solche Nacht hinter mir habe und dann morgens völlig gerädert in die Küche komme, schaut mich mein Mann mit der Frage auf den Lippen an: »Hast du dir wieder die ganze Nacht den Kopf zerbrochen?« Genau diese Bezeichnung trifft es ziemlich genau, und deshalb ist es so unglaublich wichtig, als Mama eine Methode zu finden, mit der man sich selbst herunterregulieren und einmal zur Ruhe kommen kann. Vergleichend kann man den Fernseher heranziehen, ein Gerät, das man wunderbar per Knopfdruck auf der Fernbedienung an- und ausschalten kann. Wenn er allerdings nicht ganz ausgeschaltet wird, dann läuft er im Stand-by-Modus weiter und verbraucht in diesem Moment weiterhin Energie. In unserer schnelllebigen

Gesellschaft haben wir oft verlernt, wo die Austaste für unser Gehirn überhaupt zu finden ist, geschweige denn, dass wir sie zu betätigen verstehen. Oft verbleiben wir auch einfach nur im Stand-by-Modus. Durch die Meditation können wir wieder Zugang zu unserem Verstand finden und ihn als das nutzen, wofür er vorgesehen ist. Nämlich als ein hoch ausgebildetes Tool, auf das wir zurückgreifen, um gezielt Dinge zu denken. Muss einmal nichts gedacht werden, sparen wir Energie, wenn wir es dann auch gut sein und ruhen lassen können. Dieses Ruhenlassen kann man eben durch die heruntergefahrene Gehirnaktivität beim Meditieren messen. Meditation funktioniert also! Durch die Meditationspraxis wirst du als Mama auch mehr Kraft und Energie für deinen Alltag haben, denn du lernst erneut, deinen »Ausschalter« zu finden, und vermeidest so den energieraubenden Stand-by-Modus!

Zudem haben Studien gezeigt, dass sich bei Menschen, die regelmäßig meditieren, ein größeres Volumen bzw. eine größere Dichte an grauer Gehirnsubstanz nachweisen lässt (Übersicht in Ott et al. 2009). Hierbei können die einzelnen Hirnregionen, die mit unterschiedlichen Funktionen in Verbindung gebracht werden, durch verschiedene Meditationsübungen trainiert werden. Übst du regelmäßig die Atemachtsamkeit oder auch den Body-Scan, so schulst du deine Wahrnehmung körperlicher Empfindungen. Die Gehirnregion, die dabei eine Rolle spielt, ist der sogenannte Inselcortex. Genau dieser Bereich ist bei Meditierenden, die die oben genannte Meditationsübung häufig praktizieren, messbar vergrößert. Ein Ziel der Meditation ist es zudem, dass man selbst zu jeder Zeit regulierend auf seine Emotionen einwirken kann. So ist es Meditierenden möglich, in Situationen, die als belastend empfunden werden, ruhig und gelassen zu bleiben. Das bedeutet auch, dass Menschen, die meditieren, weniger stark auf Stress reagieren (Hölzel et al. 2010). Gerade wir Mamas profitieren in unserem Alltag genau davon, wenn wir durch das Verhalten unserer Kinder herausgefordert sind. Etwa in Streitsituationen Ruhe zu bewahren anstatt aufbrausend zu reagieren, welche Mama wünscht sich das nicht.

Aber auch das Thema Schlaf ist für viele Mamas ein immer wiederkehrendes und oftmals leidiges Thema und wird im Kapitel *Müde Mamas werden munter – Meditation bei schlaflosen Nächten* ausführlicher thematisiert. Der positive Effekt von Meditation auf die Schlafqualität wird in einer Studie von Black et al. (2015) beleuchtet. Die Untersuchung zeigt, dass die an der Studie teilnehmenden Personen bereits nach nur sechs Wochen Meditationspraxis weniger Anzeichen von Schlaflosigkeit und Müdigkeit aufwiesen als die Kontrollgruppe. Ein erstaunliches Ergebnis nach einer erstaunlich kurzen Zeit, findest du nicht auch? Ist Schlaf bei dir als Mama ein präsentes Thema, so kann es ein Motivationsgrund für dich sein, mit der Meditationspraxis zu beginnen.

Wie wissenschaftliche Studien belegen, hat Meditation viele positive Wirkungen, zum Beispiel:

- Abbau von Stress
- Stärkung des Immunsystems
- Emotionsregulation und Entwicklung positiver Emotionen
- Förderung der Intuition
- tieferer Schlaf
- gesteigerte Kreativität
- erhöhte allgemeine Zufriedenheit
- besseres Körpergefühl und bessere Selbstwahrnehmung
- gestärktes Selbstbewusstsein, mehr Autonomie und Authentizität
- Förderung der inneren Ruhe und Entspannung
- bessere Steuerung der Aufmerksamkeit
- Bewahrung der Gelassenheit in belastenden Situationen
- verfeinertes emotionales Gespür und Entwicklung von Empathie
- leichtere Denk- und Entscheidungsprozesse

Was die Wissenschaft schon lange weiß, darf demnach noch mehr in unserem Alltag Einzug halten. Meditationsskeptiker hin oder her!

Kurze Anleitung für den Praxisteil

Der zweite Teil des Buches widmet sich der Praxis. Hier stelle ich dir zuerst mehrere Meditationseinstiege und ein Meditationsende vor. Dabei bist du herzlich eingeladen, vor jeder Meditation, die du machst, das Passende für dich auszusuchen. Außerdem findest du im Praxisteil insgesamt 13 Meditationen rund um das Thema »Mama sein«. Ganz unterschiedliche Aspekte werden angesprochen und je nachdem, in welcher Lebensphase du dich gerade befindest, sind verschiedene Meditationen wahrscheinlich für dich interessant. Schaue gerne im Inhaltsverzeichnis nach und wähle intuitiv aus, mit welcher Meditation du dich identifizieren kannst. Bist du Anfängerin, so empfehle ich dir, mit der ersten Meditation zu beginnen. Hier kannst du dich erst einmal auf die Wahrnehmung deines Atems konzentrieren. Diese und zwei weitere Meditationen habe ich für dieses Buch vertont. Du kannst sie dir unter folgendem Link gratis downloaden: **www.koesel.de/mama-meditationen**.

Bei den Meditationen gibt es immer zwei Texte zur Auswahl. Einen ausführlichen, der etwas Zeit in Anspruch nimmt. Hast du diese nicht zur Verfügung, lies einfach die Kurzvariante in der Box. Zu jeder Meditation gebe ich hilfreiche Tipps und beschreibe eine Übung aus ganz unterschiedlichen Bereichen (z.B. aus dem Yoga oder der Aromatherapie), die du unterstützend zur Meditation ausführen kannst. Abschließend bist du eingeladen, deine Gedanken und Erfahrungen aufzuschreiben und für dich festzuhalten.

Bitte beachte, dass der von mir verfasste Text lediglich eine Empfehlung ist. Wir sind alle unterschiedlich und in unserem Wesen einzigartig, und du darfst dir genau das heraussuchen, was für dich passt. Und ich bin mir sicher, dass du, genau wie ich, deinen ganz persönlichen Weg finden wirst.

Teil 2

Deine Meditations-Übungen

Dein Meditationsbeginn und dein Meditationsende

Bevor du in deiner Meditation versinkst, kannst du als sanfte Einleitung deinen Atem beobachten oder aber auch einen Body-Scan, bei dem du durch deinen Körper wanderst und nacheinander jeden Bereich einmal ganz bewusst entspannst, durchführen. Wenn du gerade erst mit deiner Meditationspraxis beginnst, ist es sinnvoll, den Text vorher einmal oder auch mehrmals zu lesen. Dabei kannst du sozusagen im Trockendurchlauf den Weg durch deinen Körper spüren. So bekommst du einen guten Eindruck davon, was für Schritte nacheinander gemacht werden, um deinen Körper in einen entspannten Zustand zu versetzen. Wenn du einmal nachvollzogen hast und wirklich empfindest, welche Schritte nacheinander folgen, kannst du mit ein bisschen Übung auf die schriftliche Anleitung verzichten und dich im Stillen bei der Einführung in die Meditation selbst anleiten. Du kannst dir mit der Aufnahmefunktion auf deinem Smartphone auch einen Einstieg aufnehmen. Welchen Einstieg du wählst, hängt davon ab, wie viel Zeit du für deine Meditationspraxis mitgebracht hast. Es ist sowohl ein Blitzeinstieg als auch eine ausführliche Einleitung möglich. Entscheide selbst, du hast die Wahl.

Atembeobachtung als Meditationseinstieg

Komme in deine ganz persönliche und aufrechte Meditationshaltung. Vielleicht möchtest du mit deinen Händen unter deine Pobacken greifen und sie etwas zurechtziehen. Dadurch positionierst du deine Sitzbeinhöcker so, dass du stabil sitzt und gut geerdet bist.

Wandere in Gedanken deine Wirbelsäule hinauf bis zum Brustbein und lass es Richtung Himmel streben. Richte dein Kinn parallel zum Boden aus, sodass dein Nacken lang wird. Entspanne deine Kiefergelenke ganz bewusst und kreise einmal deine Schultern. Lass sie dann locker und entspannt nach hinten und unten gleiten.

Richte deine Aufmerksamkeit auf deinen Atem und nimm ihn einmal ganz bewusst wahr. Atme tief und gleichmäßig durch die Nase ein und atme dann vollständig durch die Nase wieder aus. Begleite deinen Atem durch deinen Körper und lass ihn bis hinunter in deinen Bauch fließen. Spüre die Bewegung deiner Bauchdecke und nimm auf diese Art und Weise drei Atemzüge.

Wenn Gedanken zu dir kommen, stell sie dir wie einen in einen Bahnhof einfahrenden Zug vor. Du nimmst den Zug zwar wahr, betrachtest vielleicht auch all seine Wagons, aber du steigst nicht ein. Du lässt ihn einfach nach einer Weile wieder davonfahren und kehrst mit deiner Aufmerksamkeit zu deiner Atmung zurück.

Fühle, wie du durch dein bewusstes Atmen ruhiger wirst, und erlaube dir, ganz im Hier und Jetzt anzukommen. Nach drei Atemzügen kannst du deinen Atem einfach fließen lassen. Ganz von allein findet er seinen Rhythmus, ohne dass du etwas dafür tun musst. Mache dich nun bereit für deine Meditation.

Kurzer Body-Scan als Meditationseinstieg

Komme in deine ganz persönliche und aufrechte Meditationshaltung. Nimm den Körperabschnitt von deinen Füßen bis zu deinen Knien wahr und lasse hier mit jedem Ausatmen mehr los. Wandere mit deiner Aufmerksamkeit von deinen Knien bis hin zu deinen Hüften. Entspanne hier und lasse auch dein Becken ganz bewusst los.

Komme achtsam im Bereich zwischen deiner Hüfte und deiner Taille an. Lasse deine Bauchdecke ganz weich werden und gib Anspannung aus deinem Rücken ab. Nimm nun deinen Körper von deiner Taille bis hin zu deinen Schultern wahr. Entspanne die Schultern und auch deine Arme. Richte deine Aufmerksamkeit auf den Bereich von deinen Schultern bis zu deinem Scheitel. Gib noch einmal Anspannung aus deinen Schultern ab und entspanne auch deine Kiefergelenke und Augenbrauen.

Dein ganzer Körper ist jetzt angenehm entspannt und gelöst. Mache dich nun bereit für deine Meditation.

Langer Body-Scan als Meditationseinstieg

Komme in deine ganz persönliche und aufrechte Meditationshaltung. Wandere mit deiner Aufmerksamkeit zu deinen Füßen. Nimm sie einmal so wahr, wie sie jetzt in diesem Moment sind. Spüre die Zehen, die Fußsohle, den Spann, den Knöchel, die ganzen Füße. Gib dann mit dem Ausatmen alle Anspannung aus den Füßen ab.
Richte deine Aufmerksamkeit auf deine Unterschenkel und spüre deine Waden und lasse los. Wandere in Gedanken weiter zu deinen Knien und den Kniekehlen und weiter bis hinauf zu deinen

Oberschenkeln. Bleibe für einen Moment mit deiner Wahrnehmung hier und entspanne diesen Bereich deines Körpers.

Nun komme mit deiner Aufmerksamkeit zu deinem Gesäß. Spüre die Unterlage, auf der du vielleicht gerade sitzt, und erde dich bewusst über deine Sitzbeinhöcker. Dein Sitz ist ganz stabil, so als hättest du Wurzeln, mit denen du im Boden verankert bist.

Wandere weiter zu deinem Becken und spüre, wie es sich mit jedem Ausatmen entspannen darf.

Werde dir nun einmal deiner Wirbelsäule ganz bewusst. Spüre in den unteren Rücken, in den mittleren Rücken bis hin zu den Schulterblättern und nimm deinen ganzen Rücken einmal so wahr, wie er jetzt in diesem Moment gerade ist. Lasse ganz bewusst beim Ausatmen alle Spannung aus deinem Rücken entweichen, behalte jedoch deinen aufrechten Sitz bei.

Spüre nun zu deinem Bauch und lasse ihn einmal ganz weich werden. Auch dein ganzer Brustkorb entspannt sich nun vollständig.

Deine Aufmerksamkeit wandert von hier zu deinen Armen. Nimm den ganzen Arm einmal wahr: Oberarme, Ellenbogen, Unterarme bis hin zu den Fingerspitzen, und lasse sie ganz locker werden.

Werde dir dann einmal deiner Schultern ganz bewusst und lasse zu, dass nun der Zeitpunkt gekommen ist, in dem sie sich entspannen dürfen. Mit jedem Atemzug gibst du mehr Anspannung aus diesem Bereich deines Körpers ab. Diese Entspannung breitet sich bis zu deinem Nacken aus.

Lenke deine Aufmerksamkeit nun zu deinem Gesicht. Entspanne deine Kiefergelenke und Mundwinkel und fühle, wie die Zunge sanft in deiner Mundhöhle ruht. Lasse deine Wangen los und auch deine Nase und Nasenflügel. Deine Augenlider sind sanft geschlossen und du löst jegliche Anspannung um deine Augenbrauen herum auf. Alle Sorgenfältchen auf deiner Stirn dürfen sich glätten und auch deine Kopfhaut und deine Ohren sind nun entspannt.

Spüre in deinen ganzen Körper hinein und nimm ihn so wahr, wie er jetzt in diesem Moment ist. Vollkommen entspannt und gelöst, aber trotzdem aufrecht und stolz in seiner Haltung. Mache dich dann bereit für deine Meditation.

Ausklang der Meditation

Um die Meditation sanft ausklingen zu lassen, kannst du folgende Ausleitung einmal ausprobieren. Sie hilft dir, deinen Körper wieder behutsam aufzuwecken, und du gibst dir damit ausreichend Zeit, wieder in deiner Wirklichkeit anzukommen:

Verabschiede dich in aller Ruhe von deinen Bildern oder Gefühlen, die du gerade hattest, und kehre noch einmal zu deinem Körper zurück. Lass eine große Entspannungswelle durch deinen Körper laufen, angefangen vom Scheitel, deinem höchsten Punkt, bis hin zu deinen Zehenspitzen. Nimm ein paar tiefe, bewusste und vollständige Atemzüge und beginne den Raum um dich herum wieder bewusst wahrzunehmen.

Fange ganz achtsam und behutsam an, deinen Körper wieder aufzuwecken. Bewege deine Finger, deine Arme, deine Zehen und Füße. Vielleicht möchtest du deine Fuß- oder Handgelenke kreisen. Wenn dir danach ist, kannst du dich noch einmal recken und strecken, oder auch gähnen. Wenn der Zeitpunkt für dich gekommen ist, dann öffne deine Augen und lasse deinen Blick klar werden. Lasse dir Zeit und kehre in deine Wirklichkeit zurück.

Deinen Atem spüren – Meditation im Alltag

Wie ich finde, bekommt die Aufforderung »Tief durchatmen« gerade im Mama-Alltag noch einmal eine ganz neue Bedeutung. Als ich mich das erste Mal wirklich intensiv mit meinem Atem auseinandergesetzt habe, wurde mir erst bewusst, dass dieses wunderbare Tool mir jederzeit und an jedem Ort zur Verfügung steht. Denn nichts begleitet einen so verlässlich durchs Leben wie der eigene Atem.

Wenn ich mich zum Beispiel an die Geburt meiner beiden Söhne erinnere, so war es mein Atem, der mich durch jede Welle getragen hat, und ich habe allein an meiner Atmung gemerkt, wenn ich in Stress geraten bin. Ich erinnere mich an eine Phase, bei der ich fast ins Hyperventilieren verfallen bin. Meine Hebamme hat mich auf eine ruhige Art und Weise darauf aufmerksam gemacht und mich daran erinnert, tief ein- und auszuatmen, und sorgte so dafür, dass ich mich bei jeder weiteren Welle auf einen vollständigen Atem fokussierte. Das schenkte mir unglaublich viel Ruhe und ich konnte Kraft tanken. Ohne dieses bewusste Atmen wäre ich unter der Geburt vermutlich schnell an meine Grenzen gekommen.

Mein Atem ist aber auch mein täglicher Begleiter, wenn die Emotionen bei Streitigkeiten zum Beispiel mit meinen Kindern hochkochen. Wenn es mir in solchen Momenten gelingt, mich bewusst aufs Atmen zu konzentrieren, so ist das wie eine Art Reset-Knopf, den ich drücken kann. Zwei bis drei tiefe Atemzüge reichen meistens aus, um wieder ruhig zu werden, und helfen mir ungemein, mich auf die Sichtweise meiner Kinder einzulassen. Dieses bewusste Atmen hat mich schon oft in solchen emotionalen Ausnahmezuständen wieder geerdet, und anstelle einer hitzigen Eskalation öffnete sich dadurch ein Fenster für mein Gegenüber. Zuhören, Verständnis füreinander aufbringen, aber auch den eigenen Standpunkt ruhig zu vertreten fällt deutlich leichter, wenn ich in solchen Momenten einmal tief durchatme.

Auch wenn mein Gedankenkarussell anfängt sich zu drehen und ich in alten Glaubenssätzen feststecke, dann hilft mir ein tiefes, bewusstes Atmen. Denn jeder Atemzug gibt mir die Gelegenheit, einen Neuanfang zu finden und meine Gedanken in eine Richtung zu lenken, die mir guttut. Keine Frage, es ist eine echte Herausforderung, gerade in solchen Momenten ans Atmen zu denken. Um mich daran zu erinnern, habe ich deshalb in meiner Wohnung kleine Schildchen mit dem Wort »Atme« aufgehängt. Zudem habe ich Alltagsgeschehnisse mit meinem Atem gekoppelt. Bevor ich mir zum Beispiel eine Tasse oder ein Glas aus meinem Schrank nehme, atme ich erst einmal tief und vollständig ein und wieder aus. So kommt noch mehr bewusstes Atmen in meinen Tagesablauf. Das bewusste Atmen kann man an jede beliebige Alltagssituation koppeln, zum Beispiel auch an das Klingeln des Telefons. Einmal bewusst ein- und wieder ausatmen, bevor man den Hörer in die Hand nimmt und rangeht. Wenn man die Spülmaschine ein- oder ausräumt, kann man atmen, bevor man beginnt. Je öfter ich es geübt habe, desto einfacher fällt es mir auch in einem Moment, in dem ich herausgefordert bin, das Atmen anzuwenden. Jedes einzige Mal, in dem es mir gelingt, freue ich mich, und ich bin fest davon überzeugt, dass auch du lernen wirst, deinen Atem zu nutzen.

»Ich nutze meinen Atem in meinem Alltag, dennoch würde mir das, wenn ich es öfter tun würde, noch mehr zugutekommen. Ich sage auch oft zu Freunden und Familienmitgliedern: ›Jetzt atme mal tief durch …‹«

Katharina (39), Mama von zwei Töchtern (9 und 6 Jahre)

»Ich atme bewusst, wenn ich merke, dass die Kleine mich an meine nervlichen Grenzen bringt.«

Annina (38), Mama einer Tochter (2 Jahre)

Atemmeditation im Alltag

Dauer: 10 Minuten (auch als Download)

Das bewusste Atmen ist eine schöne Übung und eignet sich besonders gut als Meditationsobjekt für Einsteigerinnen. Denn jeder Mensch kann sowohl beim Atmen eine Empfindung in der Nase spüren als auch die Bewegung wahrnehmen, die dadurch im Körper entsteht. So ist es einfach, die eigene Aufmerksamkeit auf den Atemprozess zu fokussieren oder auch mit der Aufmerksamkeit zum Atem als Meditationsobjekt zurückzukehren, wenn man bemerkt, dass die Gedanken zu wandern beginnen. Zudem wirkt das langsame Atmen wie ein natürliches Beruhigungsmittel.

Die folgende Atemmeditation soll dir helfen, deinen Atem einfach einmal wahrzunehmen, ihn zu vertiefen und dich für einen Augenblick nur auf ihn zu fokussieren. Beobachte, wie du dich fühlst, was sich vielleicht während der Meditation verändert, bewerte es aber nicht. Alles darf sein, nichts muss!

Mache dir einmal ganz bewusst, dass das hier nun deine Zeit ist. Wenn Gedanken zu dir kommen, dann betrachte sie kurz und lasse sie dann wieder gehen, wie Wolken, die am Himmel vorüberziehen. So kannst du einmal für den Moment im Hier und Jetzt sein.

Kehre mit deiner Aufmerksamkeit nun zu deinem Atem und beginne ihn für einen Moment lang zu beobachten. Du kannst dies frei von jeder Wertung tun. Dein Atem kommt zu dir, wie ein Geschenk. Du musst dich hierfür nicht anstrengen. Es geschieht einfach.

Vielleicht fühlst du, wie kalte Atemluft beim Einatmen durch deine Nase einströmt und wie warme Luft beim Ausatmen deinen Körper verlässt. Vielleicht nimmst du sogar die Atempause zwischen deinem Ein- und Ausatmen wahr. Beobachte und spüre, wie deine Atmung vielleicht in diesem Moment schon langsamer wird und tiefer geht.

Vielleicht hast du Lust, deinen Atem auf der Reise durch deinen Körper zu begleiten. Nimmst du wahr, wie die Luft beim Einatmen durch deine Nase bis zu deinem Rachen und von dort in deinen Hals fließt? Vielleicht stellst du dir vor, wie sich die Atemluft über deiner Luftröhre bis zu den Lungen ausbreitet. Beobachte und genieße den Weg deines Atems für einen Moment lang.

Wandere nun mit deiner Aufmerksamkeit in deinen Bauchraum. Vielleicht möchtest du deine Hände oder auch nur eine Hand auf deinen Bauch legen. Schicke einmal ganz bewusst deinen Atem in diese Region des Körpers. Spüre, wie sich deine Bauchdecke beim Einatmen langsam hebt und sich beim Ausatmen behutsam wieder senkt. Gleichmäßig wie eine Welle, die an den Strand schlingert, bewegt sich deine Bauchdecke im Rhythmus deines Atems. Nimm dir einen Augenblick Zeit zum Genießen und Beobachten.

Wenn du möchtest, lass deine Hände nun auf deinen Rippen ruhen. Nimm dir einen Augenblick lang Zeit und schicke deinen Atem
einmal ganz bewusst in die Region zwischen deinen Rippen. Spürst
du, wie sich deine Rippenbögen beim Einatmen sanft auseinander
bewegen und weiten? Wie sie sich beim Ausatmen wieder zueinander bewegen und nach innen wandern? Schaffe mit deinem
Atem ganz viel Platz und nimm dir einen Augenblick lang Zeit, um
ihn in diesem Bereich deines Körpers zu beobachten.

Lenke deine Aufmerksamkeit nun zu deinem Brustkorb. Vielleicht
möchtest du dafür beide Hände auf deinem Dekolleté oder deinem Schlüsselbein ruhen lassen. Nimm dir einen Augenblick lang Zeit
und schaue, ob du deinen Atem nun in diesen Bereich deines Körpers lenken kannst. Vielleicht spürst du, wie sich dein Dekolleté und
dein Schlüsselbein beim Einatmen behutsam heben und sich beim
Ausatmen wieder senken. Nimm den Raum wahr, den du durch deinen Atem schaffst, und nimm ein paar tiefe, vollständige Atemzüge.

Jetzt kannst du deine Hände in eine für dich angenehme Position
bringen. Wenn du möchtest, verbindest du nun deine drei Atemräume miteinander. Stell dir einen Krug vor, den du von unten nach
oben mit Wasser füllst. So kannst du deinen Körper behutsam mit
Atem füllen. Spüre die tiefen, vollständigen Atemzüge und genieße
die Ausgeglichenheit und die Ruhe in dir.

Auch wenn dein Mama-Alltag oft stressig und turbulent ist, mache
dir bewusst, dass du zu jeder Zeit dieses Gefühl der ruhigen Atmung
herbeiführen und an deinen Ort der Ruhe zurückkehren kannst. So
kannst du ganz beruhigt sein, du trägst ihn in dir. Zu jeder Zeit. Spüre
diesem Vertrauen und der Leichtigkeit nach. Atme noch einmal tief
und bewusst und genieße das wohlige Gefühl in dir.

Minimeditation in a Box

Dauer: 5 Minuten

1. Schließe deine Augen und nimm deine Meditationshaltung ein. Richte deine Aufmerksamkeit auf deinen Atem und lass ihn ruhig fließen. Atme tief ein und aus. Ein und aus. Beobachte ihn, ohne zu werten.

2. Begleite deinen Atem auf seinem Weg durch deinen Körper. Welche Temperatur hat die Atemluft und wo kannst du deinen Atem überall spüren? In deiner Nase, deinem Rachen, im Hals, in deinen Lungen?

3. Atme nacheinander bewusst in deine drei Atemräume: Zuerst schickst du drei tiefe Atemzüge in den Bauch hinein. Dann lenkst du den Atem zwischen deine Rippen und schließlich atmest du dreimal in den Bereich deines Dekolletés. Lass ganz viel Platz für deinen Atem entstehen. Verbinde abschließend alle drei Atemräume miteinander und fülle deinen gesamten Körper mit wohltuender Atemluft.

4. Stelle dir vor, du nimmst beim Einatmen Leichtigkeit und Kraft auf und gibst Schwere und Müdigkeit beim Ausatmen ab. So kannst du kraftvoll in deinen Mama-Alltag zurückkehren. Beende die Meditation mit einem bewussten, tiefen Atemzug. Öffne deine Augen und lass den Blick klar werden.

Sufikreise

Bewegung und Atmung in Einklang bringen

Selbstliebend-**U**niversell-**F**rei-**I**ntensiv-**Kreise**-nd

Um noch besser und intensiver ins tiefe Atmen zu kommen, kannst du die Sufikreise aus dem Yoga einmal ausprobieren. Hier reichen sich Atmung und Bewegung die Hand und werden eins. Es braucht keinerlei Yogaerfahrung und du kannst mit der Durchführung gleich beginnen.

So geht's

Komme in einen aufrechten Sitz. Hierbei kannst du wählen, ob du dich im Schneider- oder Fersensitz oder aber auf einem Petziball bequem einrichtest. Du sollst dich ganz wohlfühlen. Lege die Hände auf deine Knie, schließe deine Augen und lasse deine Schultern und dein Kiefergelenk ganz locker.

Fange dann an, mit deinem Oberkörper im Uhrzeigersinn Kreise zu ziehen. Mit einem geraden Rücken kreist du nach vorne und bringst dein Brustbein in Richtung Decke. Strecke und länge deinen Körper beim Vorwärtskreisen. Führe die Bewegung weiter aus und runde deinen Rücken, wenn du nach hinten kreist. Mach ein kleines, rundes Päckchen aus dir. Schaue, ob du beim Kreisen auch deinen Kopf in die Bewegung mit einbeziehen willst. Bringe nun Bewegung und Atmung in Einklang. Atme beim Vorwärtskreisen ein und beim Rückwärtskreisen aus.

Wann immer du merkst, dass deine Gedanken anfangen zu wandern, komme mit deiner Aufmerksamkeit zu deinem Atem

zurück. Kreise einige Male in dieser Weise und genieße ganz bewusst Bewegung und Atmung. Wenn du beim nächsten Mal vorne bist, wechselst du die Drehrichtung. Beobachte, wie es sich anfühlt, in die andere Richtung zu kreisen. Wenn du Veränderungen feststellst, dann nimm sie wahr, bewerte sie jedoch nicht. Kreise auch hier einige Male und lasse deine Kreise kleiner werden, bis du in der Mitte zum Stillstand kommst. Halte deine Augen noch geschlossen und fühle nach. Spüre in deinen Körper hinein und beobachte, wie dein Atem nun fließt.

Wirkung

Durch die Sufikreise bewegst du einmal deinen Körper komplett durch. Dabei können sich Verspannungen im Rücken lösen. Auch bei Spannungskopfschmerzen oder Migräne bringen die kreisenden Bewegungen manchmal Linderung. Die Sufikreise massieren deine inneren Bauchorgane auf eine sanfte Weise und regen so die Entgiftung an. Dein bewusstes Atmen hilft dir dabei, innerlich zur Ruhe zu kommen. Stress und Ängste werden abgebaut und du kommst einmal ganz im Hier und Jetzt an. Zudem gelten kreisende Bewegungen als weiblich. So bekommst du Zugang zu deinen Yin-Eigenschaften wie etwa Entspannung, Ruhe, Intuition, Weichheit und Hingabe. Diese Eigenschaften kannst du durch die Sufikreise kultivieren und stärken. Aus energetischer Sicht erdet dich die Übung und kann dir gute Laune oder auch Glücksgefühle bescheren.

Warum es hilft – Expertinnen kommen zu Wort

Stefanie Weyrauch, 36-jährige Yogalehrerin, Bloggerin, Coach und Mama von zwei Kindern, weiß die Kombination aus Bewegung und Atmung in der Yogapraxis sehr zu schätzen:

»Ich liebe den Flow beim Yoga: Wenn ich so damit beschäftigt bin, die Yogaübung zusammen mit der Atmung auszuführen, dann habe ich dabei einfach keine Zeit, um an irgendwelche Sorgen, Probleme, Erledigungen oder alles andere zu denken, was einem täglich durch den Kopf geht. Dadurch komme ich vollständig zur Ruhe und kann mit bewusster Atmung sehr gut entspannen.«

Anregungen für Gedanken und Notizen

Vielleicht möchtest du Erfahrungen oder Beobachtungen, aber auch Gedanken zum Thema »Deinen Atem spüren« festhalten. Die folgenden Fragen kannst du als Impuls oder Denkanstoß nutzen.

- *Welche Erfahrungen hast du während der Meditation gemacht, und konntest du Veränderungen in deiner Atmung feststellen?*
- *Nutzt du deinen Atem als Tool in deinem Mama-Alltag? Hilft dir dein Atem im Umgang mit herausfordernden Situationen?*
- *Falls du die beschriebenen Sufikreise praktizierst: Gelingt es dir, Bewegung und Atmung in Einklang zu bringen, und konntest du ein Abschweifen deiner Gedanken beobachten?*

Kraft, Geduld, Liebe – Einfache Meditation

Die Einfache Meditation stellt rückblickend meinen Einstieg in die Meditation dar, und ich konnte mich sofort mit ihr identifizieren. Denn in meinem Mama-Alltag fehlten mir oft genau die Eigenschaften, die ich mir für mich wünschte, die ich leben und verkörpern wollte. Kraft, Geduld und Ruhe waren die zentralen Themen für mich, die ich jedoch häufig bei mir vermisste. Wie oft fühlte ich mich am Tag abgekämpft und müde, obwohl ich doch eine kraftvolle Mama sein wollte. Wie oft habe ich in Streitsituationen aufbrausend reagiert, obwohl ich doch eigentlich gern Verständnis für meinen Partner und auch Geduld gegenüber meinen Kindern aufgebracht hätte. Wie oft sehnte ich mich danach, einfach mal Zeit und Ruhe nur für mich zu haben. Mit der Einfachen Meditation stärke ich genau diese Eigenschaften. Obwohl ich nur drei Minuten am Tag damit verbringe, hole ich sie mir so in meinen Körper, und jede Zelle verinnerlicht sie mit jedem Mal mehr. Mein Geist lässt sich darauf ein, und obwohl ich nicht wirklich damit gerechnet habe, stellte sich im Alltag eine Veränderung ein, die erstaunlich schnell stattfand. Es war fast so, als hätte ich die ganze Zeit über auf diese Meditation gewartet.

Natürlich funktioniert es nicht in jeder Situation, aber ich werde mir zum Beispiel in Konflikten schneller darüber bewusst, dass meine Emotionen hochkochen. Dieser noch so kleine Schritt ist wohl mit der größte und schwierigste, den ich in meinem täglichen Leben gehe. Aber zugleich auch mit der wertvollste. Denn sobald ich mir darüber klar geworden bin, dass ich zum Beispiel überreagiere, kann ich mein Verhalten auch aktiv beeinflussen und verändern. Früher hätte ich nie gedacht, dass das geht, aber heute bin ich dankbar, dass Meditation mir einen Weg in Situationen gezeigt hat, in denen ich immer wieder dachte, mich in einer Sackgasse zu befinden. Denn man kann aus einer Sackgasse umkehren oder auch ganz neue Wege für sich finden.

Was Mamas dazu sagen

»Ich wollte mit meinem Sohn mit Fingerfarbe malen. Was ich vorhatte, fand er nicht so interessant. Stattdessen wollte er mit seinen Händen Regale und Fenster bemalen. Am Ende war ich sauer, er war wütend und alles (inklusive wir beide) war bunt. Hätte ich doch einfach gedacht: ›Scheißegal, lass uns einfach Spaß haben. Später kann man ja alles sauber machen.‹«
Eila (37), Mama eines Sohnes (1,5 Jahre)

»Als dreifache Mama ist jeder Nachmittag nach der Schule und Kita eine echte Meisterleistung. Da ist echtes Management gefragt. Das A & O ist aber eine ausgeglichene Mama, die mit sich selbst zufrieden ist, weil sie regelmäßig ihre Energietanks auffüllt. Stress und Unausgeglichenheit übertragen sich sofort auf die Kinder. Dann hat man das Chaos.«
Sandra (41), Mama von drei Kindern (2, 9 und 12 Jahre)

Einfache Meditation

Mit der Einfachen Meditation kannst du jede Eigenschaft in dir stärken, die du in dein Leben holen möchtest. Du wirst merken, dass es gar nicht so lange dauert, bis du Veränderungen in dir feststellen kannst. Nutze sie für dich und deinen Alltag.

Das Leben als Mama ist oftmals turbulent und im Alltag findet man manchmal nicht die Zeit für eine Pause. Vielleicht hast auch du gerade das Bedürfnis, einmal abzuschalten, alles hinter dir zu lassen und dir ganz bewusst Zeit zu nehmen. Zeit nur für dich, um zur Ruhe zu kommen. Im Hier und Jetzt zu sein, um achtsam diesen Moment zu genießen.

Nimm für einen Augenblick lang deinen Atem wahr und schicke zwei bis drei tiefe und vollständige Atemzüge in deinen Bauchraum. Spüre, wie sich deine Bauchdecke hebt und wie sie sich wieder senkt. Dein Atem gleicht einer Welle, rhythmisch und gleichmäßig. Vielleicht kannst du sogar die kleine Pause zwischen deinem Ein- und Ausatmen wahrnehmen. Beobachte deinen Atem, versuche dies aber ohne Wertung zu tun. Wenn du die zwei bis drei tiefen Atemzüge genommen hast, dann lasse deinen Atem fließen. Du brauchst ihn nicht weiter zu beeinflussen, er kommt zu dir, wie ein Geschenk. Vielleicht merkst du nun in diesem Augenblick, dass du ruhiger wirst und gleichzeitig in dir ankommen kannst.

Finde nun in Gedanken eine Eigenschaft, die du stärken möchtest und die dir guttut. Es können ganz verschiedene Eigenschaften sein. Kraft, Ruhe, Verständnis, Vertrauen, Geduld, Zuversicht, Selbstliebe, Ausdauer, Mut, Liebe. Denke aber nicht zu viel darüber nach, welche Eigenschaft du nun wählen möchtest. Meist ist es die erste Eigenschaft, die einem intuitiv in den Sinn kommt. Falls dir keine Eigenschaft einfällt, dann kannst du auch den universellen Laut, in dem alle Eigenschaften enthalten sind, das *Om*, wählen.

Beginne nun, deine Eigenschaft im Stillen für dich zu wiederholen: Deine Eigenschaft oder dein *Om* bei der Einatmung. Deine Eigenschaft oder dein *Om* bei der Ausatmung. Passe die Länge deiner Eigenschaft der Länge deines Atemzuges an. Atmest du einmal tiefer ein, verlängere auch deine Eigenschaft, atmest du etwas kürzer aus, dann verkürze auch deine Eigenschaft in Gedanken.

Vielleicht stellst du fest, dass du abschweifst und Gedanken zu dir kommen. Beobachte dies, werte es aber nicht. Betrachte deine Gedanken kurz und lasse sie dann wieder ziehen, wie Wolken, die am Himmel vorübergleiten, und kehre mit deiner Aufmerksamkeit zu deinem Atem und zu deiner Eigenschaft zurück. Verweile zwei bis drei Minuten ganz in Stille und fokussiere dich auf deine Eigenschaft und deine Atmung.

Vielleicht möchtest du dir abschließend vorstellen, dass du deine Eigenschaft wie einen Samen in dein Herz gepflanzt hast. Aus diesem Samen wird eine kleine Pflanze entstehen, die immer weiter wachsen wird, bis sie schließlich in voller Pracht erblüht. Schau dir deine Samen und die daraus wachsende Pflanze einmal genau an und erfreue dich an ihrer Schönheit. Sie wird dich von nun an in deinem Leben begleiten und wann immer du möchtest, kannst du sie hegen und pflegen, sie gießen und weiter wachsen sehen.

Minimeditation in a Box

Dauer: 3 Minuten

1. Wähle eine Meditationshaltung mit aufrechtem Rücken. Atme tief ein und wieder aus und schließe deine Augen, wenn sich der Zeitpunkt für dich richtig anfühlt. Spüre die Verbindung zu dir.

2. Finde in Gedanken eine Eigenschaft, die du stärken möchtest. Denke nicht allzu lange nach, sondern wähle intuitiv. Sage beim Einatmen im Geiste dein Eigenschaftswort und beim Ausatmen wiederholst du es noch einmal.

3. Passe die Länge deiner Atemzüge deinem Eigenschaftswort an. Kehre, wann immer du in Gedanken abschweifst, erneut mit deiner Aufmerksamkeit zu deinem Eigenschaftswort zurück. Übe dein Eigenschaftswort wiederholend drei Minuten lang.

4. Bedanke dich bei dir selbst, dass du dir heute die Zeit für dich genommen hast. Nimm einige tiefe und gleichmäßige Atemzüge und beende die Meditation, indem du achtsam die Augen öffnest.

Duftanker

Aromatherapie für dich nutzen

Dankbar-**U**nterstützend-**F**risch-**T**atkräftig-
Ausgeglichen-**N**ützlich-**K**reativ-**E**ntspannt-**R**einigend

Düfte können so viel transportieren, in uns auslösen und zum Vorschein bringen und wirken somit auf ganz unterschiedliche Weise. Ob als gut riechendes Taschentuch, als duftaufnehmendes Armband oder als handliches Roll-on, man kann sie bequem bei sich tragen, hat sie dadurch schnell zur Hand und quasi immer zur Verfügung. Perfekt, um die Eigenschaften aus der Einfachen Meditation noch ein Stück mehr in deinen Mama-Alltag mitzunehmen. Hier stelle ich dir einige ausgewählte Beispiele aus der Aromatherapie vor. Wenn du noch mehr zu diesem Thema erfahren möchtest, kannst du dein Wissen beispielsweise mit dem Buch *Bewährte Aromamischungen: Mit ätherischen Ölen leben – gebären – sterben* von Ingeborg Stadelmann oder den Veröffentlichungen von Maria L. Schasteen vertiefen. Letztgenannte geht sowohl auf Erwachsene ein als auch auf Besonderheiten, die bei Kindern beachtet werden müssen.

So geht's

Durch einen Anker kannst du eine Verknüpfung zwischen einer Meditationserfahrung und beispielsweise einem Duft erreichen. Das hilft dir, auf die Meditationserfahrung schnell zurückgreifen zu können, ohne sie in diesem Moment selbst machen zu müssen. Wenn du die Einfache Meditation durchführst, kannst du im Moment des tiefsten Erlebens an einem mit Öl beträufelten Taschentuch, einem duftaufnehmenden Armband oder deinem Armrücken schnuppern. Somit findet eine Kopplung zwischen Geruch und Meditationserfahrung statt.

Mit ein bisschen Übung kannst du deine Eigenschaft, die du stärken möchtest, sofort aktivieren – allein dadurch, dass du den Geruch wahrnimmst. Das kann sehr sinnvoll sein, um deine Eigenschaft noch stärker in dein Leben zu holen.

Wirkung

Lavendel ist eine besondere Heilpflanze mit weitem Einsatzgebiet. So wirkt der Duft zum Beispiel beruhigend auf Emotionen und unterstützt einen erholsamen Schlaf. Wie ein lauer Wind aus der Provence, der deinen Körper und Geist streichelt, kann der Lavendelduft deine Nerven und Muskeln beruhigen. Möchtest du mit der Einfachen Meditation also Ruhe, Geduld oder Angstfreiheit festigen und dein Immunsystem stärken, kannst du auf Lavendelöl als Anker zurückgreifen.

Zitrone zeigt eine erfrischende Wirkung und schenkt dir Fokus und Konzentration. Da es die Glückshormonproduktion ankurbelt, sagt man ihr eine stimmungsaufhellende Wirkung nach. Zudem unterstützt der Duft dich in emotional schwierigen Zeiten. Sind deine Eigenschaften für die Einfache Meditation also Ausgeglichenheit, Fröhlichkeit, Leichtigkeit, Selbstliebe und Fokus, kannst du wunderbar mit der Zitrone unterstützend arbeiten. Auch wenn du dir mehr Energie in deinem Alltag wünschst, ist Zitrone möglicherweise dein Duft.

Die Rosengeranie hat einen besonders warmen Duft, ohne dabei schwer zu sein. Wenn du Entscheidungen aus dem Herzen treffen möchtest, seelische Ausgeglichenheit suchst und mehr Harmonie in dein Leben holen möchtest, hast du die Möglichkeit, als Duftanker auf die Rosengeranie zurückzugreifen. Zudem wirkt der Duft ausgleichend auf den weiblichen Hormonhaushalt, sodass du mit ihm auch bei Zyklusschwankungen und PMS arbeiten kannst.

Hinweis: Solltest du gerade schwanger sein, sind einige Düfte und Öle nicht gut geeignet. Auch bei der Anwendung für Kinder gibt es besondere Dinge zu beachten. In beiden Fällen empfiehlt es sich, den Rat einer Expertin einzuholen.

Warum es hilft – Expertinnen kommen zu Wort

Bettina Görner, Gründerin von *aetherio love & science* (Aromatherapie für Familien) und dreifache Mama, hat die Erfahrung gemacht, dass sich Düfte ganz direkt auf das Empfinden und Emotionen auswirken:

»Situationen, Erfahrungen und Gefühle lassen sich mit Düften verbinden und dann damit abrufen. Viele von uns kennen das durch wohlige Dufterlebnisse in der Kindheit, denke nur an Omas Apfelkuchen, oder den behaglichen Weihnachtsduft. Damit können Mamas ihre Entspannungsmomente mithilfe von Düften noch besser nutzen, und in schwierigen Momenten sofort abrufen. Abgesehen von diesem Anker-Effekt helfen Düfte bei der Meditation auch, im Hier und Jetzt zu sein, zu fühlen und Hausaufgaben, Job und Wäscheberg kurz mal in Vergessenheit geraten zu lassen. Und bleibt dann noch etwas Lavendelduft in der Luft, wirkt sich das auch entspannend auf alle anderen Familienmitglieder aus!«

Anregungen für Gedanken und Notizen

Vielleicht möchtest du Erfahrungen oder Beobachtungen, aber auch Gedanken zum Thema »Einfache Meditation« festhalten. Die folgenden Fragen kannst du als Impuls oder Denkanstoß nutzen.

- *Welche Eigenschaften möchtest du mehr in dein Leben als Mama holen und warum?*
- *Welche Veränderungen konntest du nach dem regelmäßigen Üben der Einfachen Meditation bei dir feststellen? Wie hat dein Umfeld darauf reagiert?*
- *Konnte dich der Duft dabei unterstützen, deine gewählte Eigenschaft noch mehr in deinen Alltag zu bringen?*

Dankbar im Mama-Alltag – Meditation für die schönen Dinge in deinem Leben

Bevor ich mich intensiver mit dem Thema Dankbarkeit auseinandersetzte, steckte ich oft in negativen Gedankenschleifen fest. Es fiel mir so unglaublich leicht, mich über Dinge zu beschweren, aufzuregen oder auch schlecht über mich zu denken. Aber dann habe ich festgestellt, dass ich meine Gedanken durchaus selbst bestimme. Ich bin verantwortlich dafür, was ich am Tag denke und was nicht. Allein diese Feststellung stellte für mich ein Aha-Erlebnis dar. Ab diesem Zeitpunkt war es für mich sehr interessant, meine Gedankenkonstrukte zu beobachten. Das Wahrnehmen und Beobachten erlaubte es mir auch, bewusst ein STOPP zu denken, wenn ich mich wieder einmal gedanklich in alten Glaubenssätzen verstrickt hatte. Die Dankbarkeit hat mir an dieser Stelle sehr viel weitergeholfen. Denn oft stelle ich mir einfach die Frage, wofür ich dankbar bin, und ersetze negative durch Dankbarkeitsgedanken.

Ich etablierte ein kleines Abendritual für mich und notiere mir seitdem mindestens drei Dinge, für die ich am Tag Dankbarkeit empfinde.

Es können ganz unterschiedliche Sachen sein und manchmal sind es die Kleinigkeiten, die mich erfüllen. Seite für Seite füllt sich so, und es macht unglaublich viel Freude, an manchen Tagen einfach ein wenig zurückzublättern. Dann lese ich mir von einem Tag meine drei oder auch mehr Punkte durch und hole mir so Augenblicke meiner Dankbarkeit aus der Vergangenheit wieder ins Gedächtnis.

Mit meinen Kindern pflege ich auch ein kleines Ritual, denn jeden Abend vor dem Schlafengehen frage ich sie an ihrem Bett nach ihren Dankbarkeitsmomenten des Tages. Es sind unglaubliche Dinge, die das Kinderherz berühren. Manchmal komme sogar ich in ihren Sätzen vor: »Mama, ich fand es so schön, wie du mir einen Mutkuss beim Verabschieden vor der Schule gegeben hast.« In solchen Momenten bin ich immer sehr berührt. Aber auch ein »Das Beste an meinem Tag war heute das Eis« zaubert ein Lächeln auf mein Gesicht.

Wenn meine Kinder genau das benennen können, wofür sie dankbar sind, dann habe ich schon wieder eine Sache, die wiederum ich in mein Dankbarkeitsbuch eintragen kann.

Was Mamas dazu sagen

»Dankbarkeit kann ein unverhofftes Streicheln meines Sohnes über meinen Arm sein. Und wenn meine große Tochter freudestrahlend auf dem Trampolin hüpft. Wenn die Freude der Kinder überschwappt und ich davon etwas abbekomme. Manchmal bin ich auch dankbar für das ›Mama, bitte kommen‹ in der Nacht, das für unglaubliches Vertrauen steht.«

Stefanie (35), Mama von zwei Kindern (4 und 7 Jahre)

»Ich bin dankbar für das große Glück, ein gesundes
und (fast) immer fröhliches Kind beim Aufwachsen begleiten
und beobachten zu dürfen, und dafür, dass sie mir zeigt,
was wirklich wichtig ist im Leben.«

Annina (38), Mama einer Tochter (3 Jahre)

»Ich bin dankbar für kleine Momente, die so ganz
besonders sind. Wenn die Hand meines Sohnes morgens
beim Treppe heruntersteigen meine sucht
oder wenn ich sehe, wie er sich freut,
wenn ich ihn zur Schule bringe.«

Ilka (37), Mama eines Sohns (7 Jahre)

Meditation für die schönen Dinge in deinem Leben

Dauer: 15 Minuten

Mit der Dankbarkeitsmeditation holst du ganz gezielt Momente in dein Bewusstsein, für die du dankbar bist, und kreierst so ein positives Mindset. Vielleicht fällt es dir gerade am Anfang etwas schwerer, Dankbarkeitsmomente in deinem Leben zu finden. Aber je öfter du diese Methode für dich anwendest, umso leichter wird genau das für dich werden. Auch hier gilt: Alles darf. Nichts muss.

Ohne dass wir uns bewusst darüber sind, schenken wir oft den negativen Dingen und Geschehnissen unsere Aufmerksamkeit, und so kann es sein, dass sie weite Teile unseres Alltags bestimmen. Nimm dir deshalb einmal Zeit, um positive Gedanken, Gefühle und Emotionen in dein Bewusstsein zu holen.

Wenn du möchtest, kannst du dafür einmal einen Tag aus der Vergangenheit, den gestrigen oder auch den heutigen Tag, vor deinem inneren Auge Revue passieren lassen. Suche dir eine Situation aus, für die du Dankbarkeit empfindest. Es kann ein Lächeln sein, ein liebes Wort, das jemand zu dir gesagt hat, ein tolles Essen, eine ruhige Minute, in der du durchatmen konntest, eine Begegnung mit einem lieben Menschen, eine Situation aus deinem Familienleben, ein Sonnenstrahl, der deine Haut berührt und dich gewärmt hat. Etwas, an dem du dich erfreut hast. Um deinen ganz eigenen Moment der Dankbarkeit zu finden, kannst du dir ruhig etwas Zeit lassen.

Wenn du eine Situation gefunden hast, dann stelle sie dir nun noch einmal so genau wie möglich vor und hole sie in dein Bewusstsein. Welche Farben nimmst du wahr, welche Geräusche, welche Gerüche? Vielleicht kommen Personen in diesem Moment vor. Was haben diese Personen gesagt oder auch getan? Wenn du das Bild deines Dankbarkeitsmoments vor deinem inneren Auge kreiert hast, stelle dir einen Regelknopf vor. Einen Regelknopf, so wie ihn auch Radios haben, um die Lautstärke zu regulieren. Mit diesem Regelknopf kannst du nun alles um dich herum intensiver stellen. Die dich umgebenden Farben, Geräusche und Gerüche. Du kannst so alles noch intensiver, noch genauer wahrnehmen. Nimm dir einen Augenblick lang Zeit und tauche in diesen Moment, so als würde er jetzt gerade stattfinden.

Spüre einmal in dich hinein. Vielleicht gibt es eine Region in deinem Körper, wo du diese Dankbarkeit verorten und deutlich wahrnehmen kannst. Bleibe bei dieser Körperregion und nimm dein Gefühl ganz bewusst wahr. Vielleicht ist es ein angenehmes, vielleicht ein wärmendes oder auch ein beglückendes Gefühl. Vielleicht möchtest du dieses Gefühl nun größer werden lassen, wie einen Luftballon, den du aufbläst und der mit jedem Atemzug größer wird. So kannst du nun auch dein Dankbarkeitsgefühl mit jedem Atemzug wachsen und immer größer werden lassen. Schicke es in jede Körperregion hinein, in deine Arme und Finger, in deine Beine und Zehen, ja, bis zum Kopf und in jede Haarspitze hinein. Lass es in jede deiner Zellen fließen. Dein Körper ist erfüllt von einem wunderbar wärmenden Gefühl aus Dankbarkeit.

Vielleicht möchtest du dein Dankbarkeitsgefühl nun so groß werden lassen, dass es sogar deinen ganzen Körper umgibt. Mit jedem Atemzug kannst du deine Dankbarkeit nach vorne, nach hinten, nach oben, nach unten und in jede Richtung abgeben, bis dein ganzer Körper von einem wärmenden, schützenden Mantel aus Dankbarkeit umhüllt ist. Lasse dir hierfür einen Augenblick lang Zeit. Spüre in deinen nun völlig entspannten Körper hinein und genieße dieses Dankbarkeitsgefühl für einige Augenblicke in Stille.

Vielleicht möchtest du dir in diesem Moment einmal bewusst machen, dass dieses Gefühl der Dankbarkeit nur dir gehört. Wann immer dir danach ist, wann immer du es brauchst, kannst du es hervorholen. Spüre einen Moment dieser Gewissheit nach und erfreue dich an ihr.

Minimeditation in a Box

Dauer: 5 Minuten

1. Nimm für die Übung eine möglichst stabile Meditationshaltung ein. Schließe die Augen, atme tief ein und lass deinen Atem dann wieder aus dir herausströmen. Wiederhole das bewusste Atmen, bis du eine innere Ruhe in dir spürst.

2. Finde in Gedanken eine Situation, für die du Dankbarkeit empfindest. Suche nicht zu lange, sondern wähle ganz intuitiv und zügig aus.

3. Stelle dir diese Situation mit so vielen Details wie möglich vor und lasse sie so vor deinem inneren Auge entstehen, als würdest du sie in diesem Moment noch einmal erleben. Beziehe all deine Sinne mit ein.

4. Finde die Körperregion, in der du deine Dankbarkeit wahrnehmen kannst. Lass das Gefühl dort mit jedem Atemzug größer werden, bis es dich ganz erfüllt. Nimm es mit in deinen Mama-Alltag.

5. Du kannst deine Meditation selbst beenden, indem du noch ein paar tiefe, bewusste Atemzüge nimmst und schließlich behutsam deine Augen öffnest.

Lotus Mudra

Deine Fingerübung zur Dankbarkeit

Lichtdurchflutet-Offen-Tiefgründig-Urvertraut-Schön
Mannigfaltig-Unbeschwert-Dankbar-Rhythmisch-Atmend

Hier kommt ein wahrer »Dankbarkeits-Booster«, das Lotus Mudra. »Mudra« heißt übersetzt »Das, was Freude gibt« und ist auf den ersten Blick eine kleine Fingeryoga-Übung, die aber große Auswirkungen auf den Körper und den Geist haben kann. Lies selbst!

So geht's

Nimm deine Hände wie in der Gebetshaltung vor deinem Herzen zusammen, sodass sich die Handflächen sanft berühren. Du atmest tief durch die Nase ein und durch den Mund wieder aus.

Drücke nun deine beiden Daumen sowie deine beiden kleinen Finger gegeneinander und öffne die anderen Finger behutsam, bis sie sich strecken. Schau einmal genau hin. Siehst du die Knospe, wie sie sich langsam zu einer Blüte entfaltet?

Nun kannst du auch die Handflächen voneinander lösen, wobei Daumen und kleine Finger zusammenbleiben. Ein wunderbarer Blütenkelch entsteht, und du kannst tief hinein bis auf den Grund blicken. Halte deine Blüte weiterhin vor deinem Herzen. Richte dich auf und schließe sanft deine Augen. Nimm hier einige tiefe, gleichmäßige Atemzüge und lass das Mudra auf dich wirken.

Wirkung

Genau wie der Lotus, der sich jeden Tag aus dem noch so düsteren Wasser streckt und seine atemberaubenden, sich der Sonne entgegenreckenden Blüten entfaltet, so kannst auch du dein Herz öffnen. Mit dieser Fingeryoga-Übung öffnest du auf wunderbare Weise dein Herz, was jeden Tag Neues entstehen lässt. Du kannst Dankbarkeit empfinden sowie schenken und mit Hoffnung und Zuversicht dein Leben bestreiten.

Warum es hilft – Expertinnen kommen zu Wort

Kathrin Mechkat, Journalistin, Yogalehrerin und Gründerin von *MOMazing*, dem Mama Yoga Love Mag, und Mama von zwei Kindern, hat mir einst dieses Mudra gezeigt. Sie selbst empfindet es wie einen kleinen Blumenstrauß, den sie sich jederzeit selber schenken kann:

»Ob morgens mit zerzaustem Haar im Pyjama, nachmittags auf der Krabbeldecke oder abends abgekämpft zwischen Wäschebergen und schmutzigem Geschirr: Ein bisschen Lotus geht immer. Das Mudra erinnert mich in anstrengenden und herausfordernden Zeiten daran, mit wie viel Freude und Glück ich als Mama gesegnet bin, und stimmt mich in jeder Krise vertrauensvoll und zuversichtlich. Vollkommenheit, Fruchtbarkeit, Liebe – all das steckt in der Blüten-Pose, die auf Sanskrit Padma Mudra heißt. Es verbindet mich beim Üben nicht nur mit meiner Natur, meinem Herzen und den Herzen meiner Familie, sondern mit allen Müttern auf der Welt.«

Anregungen für Gedanken und Notizen

Vielleicht möchtest du Erfahrungen oder Beobachtungen, aber auch Gedanken zum Thema »Dankbar sein im Mama-Alltag« festhalten. Die folgenden Fragen kannst du als Impuls oder Denkanstoß nutzen.

• *Welcher Dankbarkeitsmoment kam dir in der Meditation in den Sinn?*
• *Welche drei Tagesereignisse fallen dir ein, für die du heute dankbar bist?*
• *Welche Empfindungen löst das Lotus Mudra in dir aus?*

Das Mama-Schiff bist du – Meditation für deine Selbstliebe

Selbstliebe, Selbstwertschätzung, Selbstfürsorge. Ich denke, nur wenn wir uns selbst akzeptieren und lieben, genau so wie wir sind, können wir das authentisch an unsere Kinder weitergeben. Deshalb ist es für mich ein absolutes DARF geworden, mir positive Gedanken über mich selbst zu schenken, wie einen Blumenstrauß, den ich mir jeden Tag als Präsent überreichen kann.

Am Anfang waren es nur einzelne Blumen, die manchmal noch nicht einmal aufgeblüht waren und eher als zaghafte Knospe hinzukamen. Schlecht über mich selbst zu denken, fiel mir am Anfang so viel einfacher, als Gutes über mich und an mir wahrzunehmen. Ich bewertete mich, urteilte und war hart zu mir. Ja, manchmal bestrafte ich mich sogar selbst mit meinen eigenen Gedanken. Aber allein das zu bemerken, war für mich ein Schlüsselmoment.

Das umzukehren ist Arbeit, Tag für Tag, aber es gedeiht mit der Zeit zu einer Selbstverständlichkeit. Genau wie die Knospe sich langsam zu einer unbeschreiblich schönen Blüte, die durch ihren Duft, ihre Farbenpracht und ihre Vollkommenheit besticht, öffnet. Mit jedem wertschätzenden Gedanken, den ich über mich selbst habe, wächst der Blumenstrauß an Selbstliebe zu einem bunten Potpourri aus farbenfrohen Blüten, und ich erfreue mich an jeder einzelnen. Dabei bin ich jedes Mal aufs Neue stolz, wenn ich es schaffe, über die negativen Gedankenmuster, die tief in mir als Glaubenssätze verankert sind, hinwegzukommen und sie zu ersetzen.

Ich merke auch, wie ich meine Kinder auf ihrem Weg der Selbstliebe besser begleiten und unterstützen kann. Wenn mein Großer beispielsweise an seine Grenzen stößt und an Dingen scheitert, die er sich selbst auferlegt hat, dann bricht schnell der Satz: »Das kann ich sowieso nicht!« aus ihm heraus. Diese Worte aus seinem Mund zu hören, versetzt mir jedes Mal einen Stich ins Herz, und ich bin dankbar, ihn in solchen Momenten des Selbstzweifels begleiten zu können. Ihm Wege aufzuzeigen, wie er sein Ziel vielleicht doch erreichen kann oder aber auch akzeptieren zu können, dass manchmal etwas nicht klappt. Ja, man darf an seine Grenzen kommen und ja, man darf auch scheitern, aber es tut unglaublich gut, wenn einem jemand in diesem Moment sagt, wie großartig und einzigartig man doch ist und dass man Dinge schaffen kann, die man selbst nicht für möglich gehalten hat. Dass jemand an einen glaubt, bedingungslos hinter einem steht, das kann manchmal Flügel verleihen. Und auch in der Wut und im Zorn des Scheiterns nicht allein zu sein, schweißt zusammen. Ich merke, dass er dann selbst wieder gut zu sich sein kann. Vielleicht nicht genau in diesem Moment, aber mit etwas Abstand schätzt er sich selbst wert, für das, was er ist. Um ihm das aufzuzeigen, wird er mich eines Tages nicht mehr brauchen. Aber bis dahin begleite ich ihn auf seinem Weg.

Indem ich gut zu mir selbst bin und mich wertschätze für das, was ich bin, für das, was ich kann, und auch für das, was ich eben nicht bin und nicht kann, lebe ich meinen Kindern Selbstliebe mit all meinen Stärken und Schwächen vor. Authentisch zu sein in seinen Gefühlen und in seinem Selbstbild hilft hoffentlich auch den Kindern, einmal selbstbewusst und voller Liebe für sich selbst durchs Leben zu gehen. Wenn wir manchmal darüber sprechen, wen wir lieb haben, kommt eine lange Liste an Menschen und auch an Dingen zusammen. Ganz am Schluss sagt mein Kleiner dann immer: »Mama, dich hab ich lieb, bis unendlich. Und mich auch!«, und das ist ein richtig gutes Gefühl.

Was Mamas dazu sagen

*»Ich versuche auch immer mindestens einmal
am Tag etwas für mich zu tun. Manchmal klappt es
sehr gut, und an manchen Tagen vergesse ich es
und merke dann, wenn ich blöd zu meinen Kindern werde,
dass ich nicht genug auf mich geachtet habe. Aber mir
wird es bewusst, und so kann ich daran arbeiten.«*
Anja (37), Mama von zwei Töchtern (3 und 6 Jahre)

*»Neulich dachte ich beim Klamotten anprobieren:
Da müsste am Spiegel etwas stehen …
›Sei nicht so hart zu dir selbst!‹ Oder: ›DU bist schön.‹«*
Fanny (32), Mama von drei Kindern (1,5, 5 und 7 Jahre)

Meditation für deine Selbstliebe

Dauer: 20 Minuten

Mit dieser Meditation kannst du dir Gedanken, die du über dich selbst hast, bewusst machen und sie in eine positive, anerkennende Richtung lenken. Auch wenn du noch keine richtige Vorstellung davon hast, mit welchem Inhalt und vielleicht auch welchen Gefühlen du das Wort Selbstliebe füllen möchtest und dich fragst: »Was genau ist Selbstliebe überhaupt?«, kannst du die Meditation nutzen, um deinen Antworten näherzukommen. Wenn das Wort Selbstliebe für dich nicht stimmig ist, dann fühl dich frei, einen anderen Begriff, wie etwa Selbstfürsorge oder auch Wertschätzung zu wählen, der besser zu dir passt. Lass dich ein und sei neugierig und schau, ob dich deine Einzigartigkeit verzaubert. Beobachte, wie ein liebevolles Lächeln nur für dich selbst entsteht.

Vielleicht fühlst du dich manchmal ausgelaugt, kraftlos und müde. Vielleicht wächst dir das Leben mit den Kindern, deinem Job und den ganzen Herausforderungen des Alltags an manchen Tagen über den Kopf. Vielleicht ist dein Alltag manchmal ein Drahtseilakt, in dem du Sorge hast, dich zu verlieren.

Bestimmt kennst du in solchen Momenten der Erschöpfung und des Zweifelns die innere Stimme, der es leichtfällt, negative Dinge über dich zu sagen. Vielleicht sagt sie dir jetzt in diesem Moment Sätze wie: »Du bist nicht gut genug« oder »Das wirst du niemals schaffen«. Laut und deutlich nimmst du diese Stimme wahr, und solange du ihr zuhörst, ist da kein Platz für anderes. Stell dir nun einmal vor, dass du die Lautstärke dieser Stimme verändern kannst. Ja, du hast es in der Hand, welche Bedeutung du ihr zuschreiben möchtest. Stell dir dafür eine Art Regelknopf vor, wie bei einem Radio, an dem du auch die Frequenz und Lautstärke verändern und darüber selbst bestimmen kannst. Du siehst diesen Knopf und beginnst an ihm zu drehen. Du drehst und merkst, dass deine Negativ-Stimme leiser und immer leiser wird, und nun ist sie schon so leise, dass du gar nicht mehr verstehen kannst, was sie eigentlich sagt. So sehr du es auch versuchst, es ist dir einfach nicht möglich, ihre Worte wahrzunehmen. Ein inhaltsloses Aneinanderreihen von Silben, die keinen Sinn ergeben. Nun drehst du noch weiter, bis die Stimme schließlich gar nicht mehr zu hören ist. Du hast sie ausgestellt. Auf einmal ist es ganz ruhig, und du nimmst dir einen Augenblick lang Zeit, die Stille zu genießen.

Aber da ist noch eine andere Stimme in dir. Drehe an dem Knopf und verändere die Frequenz. Plötzlich hörst du eine Stimme, die du bisher gar nicht wahrgenommen hast. Zuerst ist sie noch verzerrt und leise. Du drehst noch ein bisschen weiter, bis du sie deutlich hören kannst. Erst ganz leise, ganz schwach, aber trotzdem klar und deutlich. Du drehst weiter an dem Knopf und auf einmal merkst du, wie die Stimme lauter und noch deutlicher wird. Du beginnst ihr zuzuhören und das, was sie sagt, ist Balsam für deine Seele. Anerkennende, liebevolle Worte nur für dich. Alles, was du tun brauchst, ist ihr zuzuhören.

Du bist eine ganz wunderbare Mama, einzigartig und großartig, genau so, wie du bist. Mache dir einmal bewusst, was du tagtäglich schaffst. Mit all deiner Stärke, deiner Gutmütigkeit und deiner Liebe gestaltest du den Alltag deiner Familie. Du hast ein offenes Ohr, wenn es Probleme gibt, du tröstest dort, wo Kummer ist, du lachst und freust dich, wenn es Anlass dazu gibt. Du wachst am Bett deines Kindes, wenn es krank ist, und du organisierst euren Alltag mit all seinen vielseitigen Facetten. All das bist du und all das machst du wunderbar. Du hast die Kraft, die Geduld, den Mut, die Stärke, die Gutmütigkeit, die Kreativität, die Ruhe, die Gelassenheit in dir! Habe Vertrauen in dich und in deine Fähigkeiten und mache dir bewusst, dass du stolz auf dich sein kannst und darfst.

Vielleicht ergreift dich in diesem Moment der Selbstliebe ein wohliges Gefühl. Vielleicht kannst du es in deinem Bauchraum spüren, vielleicht nimmst du es in deinem Herzen wahr. Oder aber du kannst es in einem ganz anderen Körperteil orten. Wo auch immer es ist, du darfst es genießen. Du darfst es größer werden lassen. Vielleicht möchtest du dafür deinen Atem nutzen. Bei jedem Einatmen darf das Gefühl des Stolzes und der Selbstliebe größer werden. So groß, bis es in jede deiner Zellen vorgedrungen ist und du von diesem intensiven, wohligen Gefühl ganz erfüllt bist.

Vielleicht möchtest du dir vorstellen, dass dieses wohlige Gefühl so groß wird, dass es aus deinem Körper zu allen Seiten herausströmt. Wie ein kleiner Bach fließt es um deinen Körper herum, bis du ganz eingehüllt bist in einem wärmenden Wohlfühlmantel aus Selbstliebe. Nimm wahr, wie er dich schützt und wie er dir Kraft gibt und dir Vertrauen schenkt. Genieße dieses Gefühl für einige Augenblicke.

Mache dir nun einmal bewusst, dass die positive Stimme in dir ist. Sie ist immer da und du kannst sie jederzeit anstellen, wann immer du sie brauchst und wann immer dir danach ist. Du kannst dich mit den Worten der Selbstliebe überschütten lassen, als ständest du unter einer warmen, angenehmen Dusche. Spüre diesem wohltuenden Gefühl, das du jetzt vielleicht empfindest, einmal nach.

Minimeditation in a Box

Dauer: 5 Minuten

1. Komme in deine ganz eigene Meditationshaltung. Konzentriere dich auf deinen Atem. Atme ein und aus. Ein und aus …

2. Lausche einmal deiner inneren Stimme und nimm wahr, was sie in diesem Augenblick über dich sagt. Sind es negative, selbsterniedrigende Worte? Dann stell dir einen Regelknopf vor, an dem es möglich ist, die Lautstärke zu verstellen. Drehe an diesem Knopf und lass die Stimme leiser werden, bis du sie schließlich nur noch undeutlich und schließlich gar nicht mehr hören kannst.

3. Nimm nun deine innere Stimme noch einmal wahr, wie sie dir positive, kräftigende und anerkennende Worte über dich selbst schenkt. Nimm den Regelknopf erneut zwischen deine Finger und verändere die Lautstärke, bis du die Worte klar und deutlich hörst.

4. Spüre einmal in dich hinein. Wo kannst du das Gefühl von Selbstliebe und Anerkennung wahrnehmen? Verweile einen Augenblick in der Region deines Körpers und lass das Empfinden mit jedem Atemzug größer werden, bis es dich wie ein Wohlfühlmantel kuschelig einhüllt.

5. Bedanke dich bei dir selbst, dass du dir heute die Zeit für dich genommen hast. Nimm einige tiefe und gleichmäßige Atemzüge und beende die Meditation, indem du achtsam die Augen öffnest.

Liebesbrief
Zauberschöne Worte von dir für dich

*L*ieb*end-E*inzigartig-*S*uchend-*B*ereit-*R*eich-*I*ndividuell-*E*cht-*F*aszinierend

Hast du dir selbst schon einmal einen Liebesbrief geschrieben? Nein? Dann ist heute genau der richtige Tag dafür. In dir steckt so viel Einzigartiges. Sieh genau hin und gehe auf Entdeckungsreise zu dir selbst!

So geht's

Nimm dir einen Zettel und einen Stift zur Hand und gib dir ein paar Minuten Zeit für die folgenden Aufgabe: Finde acht Wesenszüge, für die du dich wertschätzt und liebst. Vielleicht möchtest du auch die folgenden Sätze als Denkanstoß verwenden und für dich vervollständigen:

Ich bin wertvoll, weil …

Ich bin liebenswert, weil …

Es kann sein, dass dir schnell viele positive Eigenschaften über dich einfallen und du gar nicht lange darüber nachdenken musst. Vielleicht stellt diese Aufgabe aber auch eine Herausforderung für dich dar, und du gerätst nach einigen Punkten, die du notiert hast, ins Stocken. Dann schließe deine Augen für einen Augenblick. Atme bewusst ein und atme tief aus. Lass die Gedanken zu, die nun kommen. Gib dir Zeit und entdecke nach und nach weitere positive Eigenschaften. Gerade wenn du glaubst, dass du fertig bist und dir partout nichts mehr einfallen möchte, warte noch einen Moment. Zeigt sich dir doch noch etwas, das du festhalten möchtest? Natürlich darf die Aufgabe noch weiter in dir arbeiten. Wenn dir zu einem späteren Zeitpunkt weitere positive Gedanken und Eigenschaften zu dir einfallen, dann ergänze deine Liste gerne und füge die Punkte einfach hinzu. Sei stolz auf jeden einzelnen Punkt auf deiner Liebesbrief-Liste! Es kann auch ganz wunderbar sein, einmal deinem Partner oder auch engen Freunden diese Frage über dich zu stellen. Du wirst erstaunt sein, was sie alles in dir sehen, was du vielleicht noch gar nicht wahrnimmst. Trau dich, einen Versuch ist es allemal wert!

Wirkung

Je öfter wir uns negative Gedanken sagen, desto mehr glauben wir selbst an diese Wirklichkeit. Tief sitzende Glaubenssätze entwickeln sich und entfalten ihre Auswirkungen auf uns. Doch du hast es selbst in der Hand. Du kannst dir deine Gedankenmaschine vorstellen wie einen Art Greifer. Gleich den Spielzeugautomaten an Autobahnraststätten, die ein viel zu buntes Plüschtier aus der Menge picken und in die Luft ziehen, damit du es mitnehmen kannst. Ob du einen negativen Gedanken aus deinem Pool herausziehst oder einen positiven, es ist eine Entscheidung, die du aktiv treffen kannst. Je öfter du positive, wertschätzende und auch liebevolle Gedanken über dich selber findest und denkst, desto positiver bist du auch dir selbst gegenüber eingestellt. Diese positive Einstellung überträgt sich auf dein Handeln. Ob es der Umgang mit deinen Kindern ist, Begegnungen mit anderen Menschen oder Alltagsgeschehnisse, du wirst merken, welch unglaubliche Kraft in deinen positiven Gedanken steckt.

Warum es hilft – Expertinnen kommen zu Wort

Selbstliebe stellt auch für Romy Winter, Dreifach-Mama, Frauen- und Familienbegleiterin, Autorin und Meeresliebhaberin, durchaus eine Herausforderung dar und ist für sie mit einem jahrelangen Lernprozess verbunden. Sie schreibt:

»Selbstliebe ist ein großes Wort, was mir lange Zeit mindestens genauso großen Respekt einflößte. Jahre wartete ich auf diesen einen Tag, an dem ich sie endlich bedingungslos spüren würde. Bis mir klar wurde, dass dieser Tag nicht kommen wird. Weil Selbstliebe nichts ist, was man einfach fühlt, nur weil man beschließt, es zu tun. Sie beginnt unscheinbar mit Selbstaufmerksamkeit, Selbstachtung und Selbstbewusstsein. Sie ist so bunt wie jede andere Liebe. Und genauso wenig selbstverständlich. Sie fließt durch mich, indem ich mir erlaube, mich anzunehmen, wie ich bin. Und gleichzeitig ist sie das Tor zu Veränderung und Wachstum. Meine Kinder sind dabei jeden Tag ein großartiger Lehrmeister für mich. Auch durch sie habe ich gelernt, dass ein NEIN zu anderen ein JA zu mir selbst ist. Meine wichtigste Erkenntnis war wohl aber, dass man den Prozess lieben sollte – nicht das Ergebnis. Denn er endet nie. Und wenn die negativen Stimmen nach einem herausfordernden Tag doch etwas zu laut werden wollen, dann hilft diese wundervolle Meditation, meine Aufmerksamkeit wieder auf all die Dinge zu lenken, die ich jeden Tag leiste und erlebe. Sie ist ein einfaches, aber unfassbar wirksames Werkzeug, um positive Ich-Gedanken zu erzeugen, zu verinnerlichen und letztlich zu leben.«

Anregungen für Gedanken und Notizen

Vielleicht möchtest du Erfahrungen oder Beobachtungen, aber auch Gedanken zum Thema »Selbstliebe« festhalten. Die folgenden Fragen kannst du als Impuls oder Denkanstoß nutzen.

- *Welche Stimme überwiegt bei dir, und in welchen Situationen kannst du die negative oder auch die positive wahrnehmen?*
- *Fällt es dir leicht, anerkennende und liebe Worte für dich zu finden? Warum glaubst du, ist das so?*
- *In welcher Weise lebst du deinen Kindern Selbstliebe vor? Und wie zeigen sie dir ihre Selbstliebe zu sich?*

Deine Mama-Intuition – Meditation zur Stärkung des Bauchgefühls

Kinder folgen ganz automatisch ihrer Intuition, und wir können eine Menge von ihnen lernen. Mir ist das in einer Situation mit einem meiner Söhne eines Tages wie Schuppen von den Augen gefallen. Ich hatte für ihn eine Schule ausgewählt, die sich von einer staatlichen Schule deutlich unterschied. Ich war so begeistert von dem Konzept, dass ich ihn kurzerhand zur Hospitation anmeldete. Als er jedoch das Schulgebäude betrat und allein in der Klasse bleiben sollte, wollte er dies partout nicht. Unter großem Hin und Her konnte ich dann doch gehen, und als ich ihn nach einer Stunde wieder abholte, stellte sich im anschließenden Gespräch mit den Lehrern heraus, dass sie nicht sagen konnten, ob er sich wohlgefühlt habe, denn er habe kein einziges Wort gesagt.

Ich kämpfte darum, dass wir ein zweites Mal zur Hospitation eingeladen wurden, so überzeugt war ich, dass diese Schule genau das Richtige für ihn wäre. Als wir am Tag der zweiten Hospitation in die Schule gingen, brach mein Sohn in Tränen aus und wollte unter keinen Umständen in die Klasse. So sind wir wieder gegangen, der heiß umkämpfte Schulplatz war weg und ich tief enttäuscht.

Im Sommer wurde er in eine ganz »normale« Grundschule eingeschult und er blühte regelrecht auf. Die klaren Strukturen bilden für ihn ein Umfeld, das gut für ihn ist, und nun lernt er mit großer Freude und in einem Tempo, das mich tatsächlich erstaunt. Erst da habe ich verstanden, dass er damals auf seine Intuition gehört hat und was ich für einen dummen Fehler gemacht hatte, einfach über seinen Kopf hinweg über ihn zu bestimmen. Ich habe mich eines Abends hingesetzt und mit ihm gesprochen. Ich entschuldigte mich aus tiefstem Herzen bei ihm und sagte ihm, was für einen großen Schatz er da in sich trägt und dass er immer auf sich hören soll.

Vielleicht eine sehr wichtige Lektion für ihn, aber noch wichtiger für mich. Ich sehe es als meine Aufgabe an, meine Kinder in dieser Hinsicht zu unterstützen, auch wenn mir das in manchen Situationen nicht ganz so gut gelingt. Anstatt ihnen ihre Intuition abzuerziehen, stelle ich immer wieder heraus, wie gut es ist, wenn sie ihrer inneren Stimme folgen, und würdige es. Denn wie paradox ist es, dass Erwachsene in Entscheidungen der Kinder eingreifen und ihnen nach und nach den Zugang zu ihrer inneren Stimme verbauen, den sie dann im erwachsenen Alter wieder mühsam freischaufeln müssen. Wie man im Beispiel oben sieht, bin ich keineswegs frei von Fehlern, vielmehr ist es ein Prozess, der aber genau das Leben für mich als Mama ausmacht.

Auch ich habe angefangen, meiner Intuition zu folgen. Lange Zeit war mein berufliches Leben mit einer Schwere verbunden. Zwar ging ich gerne zur Arbeit (ich war über sechs Jahre in Hamburger Kitas angestellt), aber ich spürte tief in mir, dass da noch eine andere Berufung in mir schlummert. Ich hatte einen langen Leidensweg hinter mir, denn die Sicherheit einer Festanstellung galt für mich lange Zeit als zu wertvoll. Alte Glaubenssätze wie »Ich arbeite, um Geld zu verdienen, und Spaß ist hier nicht erlaubt«, und auch die Meinungen Dritter blockierten mich lange Zeit.

Bis eines Tages der Zeitpunkt da war und ich es einfach nicht mehr ausgehalten habe. Ich bin ins kalte Wasser gesprungen, habe meinen Job gekündigt und von da an war alles eigentlich ganz einfach. So plakativ es sich auch anhören mag – die eine Tür war zwar zugegangen, aber dafür öffneten sich jede Menge anderer. Ich musste nur hindurchgehen, und genau das tat ich dann auch. Seither hat eine Leichtigkeit in mein Leben Einzug gehalten, die ich nicht mehr missen möchte.

Nun bin ich das dritte Mal schwanger. Unter meiner ersten Geburt habe ich mich wie abgeschnitten von meiner Intuition gefühlt. Krankenhausgeleitet und in Interventionskaskaden steckend, habe ich einfach gar nicht mehr gespürt, was mein Körper eigentlich braucht, was ich brauche und was mein Baby braucht.

Ich habe lange nicht verstanden, dass Gebären ein Prozess tiefsten Vertrauens ist, man sich öffnen darf und auf sich hören kann. Während der zweiten Geburt hat vieles für mich besser funktioniert, aber trotzdem möchte ich bei der Geburt meines dritten Kindes noch mehr ins Vertrauen gehen und meiner Intuition folgen. So wie ich ihr als Frau und Mutter in den letzten Jahren gefolgt bin, möchte ich es auch auf dieser Geburtsreise erleben.

Natürlich sind in vielen Situationen, sei es beruflich, familiär oder auf die Geburt bezogen, auch große Unsicherheiten da, und Ängste zeigen sich. Dann ist es für mich an der Zeit, zu dem Ort meiner Intuition zu reisen. Denn hier weiß ich und vertraue darauf, dass ich den richtigen Weg gehe. Nämlich meinen ganz eigenen.

Meditation zur Stärkung des Bauchgefühls
Dauer: 20 Minuten (auch als Download)

Auch du kannst Zugang zu deiner Intuition bekommen und deiner eigenen, inneren Stimme folgen. Die Meditation führt dich auf eine Reise zu dir selbst und deiner inneren, weisen Meisterin.

Als Mama, Frau und vielleicht auch als Partnerin musst du Tag täglich Entscheidungen treffen. Oft fällst du diese Entscheidungen durchs Denken, und so befindest du dich mit deiner ganzen Aufmerksamkeit im Kopf. Das Gedankenkarussell dreht sich und es hält dich vom Spüren ab. So hast du den Zugang zu deiner Intuition im Alltag vielleicht teilweise oder auch gänzlich verloren.

Obwohl du in solchen Entscheidungsprozessen vielleicht spürst, dass da etwas ist. Vielleicht kannst du es nicht benennen. Vielleicht ist es manchmal ein Gefühl oder ein Zeichen. Mal mehr, mal weniger deutlich. Aber es ist da. Vielleicht hast du im Laufe deines Lebens gelernt, es zu ignorieren, und so traust du dich nicht, ihm zu folgen.

Ich möchte dich einladen, diese Zeit zu nutzen. Nur für dich und dein Bauchgefühl. Denn es ist da, und du bist in der Lage, Kontakt mit ihm aufzunehmen und dem auf den Grund zu gehen, was es dir sagen will. Nimm dir diesen Augenblick und höre nur auf dich!

Vielleicht möchtest du an den Ort deiner Intuition reisen. Du kannst dir vorstellen, dass dein Solarplexus der Ort deines Bauchgefühls ist. In der Mitte deines Körpers, dort, wo sich deine Rippenbögen treffen, ungefähr eine Handbreit über deinem Bauchnabel. Nimm dir einen Augenblick lang Zeit und spüre einmal genau hierher. Vielleicht hast du den Impuls, eine Hand an diese Stelle zu legen. Dann tue dies gerne.

Nun, wo du den Ort deiner Intuition kennst, kannst du beginnen, dich hier umzusehen und dich wohlzufühlen. Vielleicht möchtest du diesen Ort einmal hell für dich erleuchten. Stell dir dafür vor, dass dein Atem zu deinem Herzen fließt und von hier weiter nach unten zu deinem Solarplexus. Dein Herz und der Ort deiner Intuition sind so miteinander verbunden. Stell dir nun vor, dass du mit jedem Atemzug helles, wärmendes Sonnenlicht aufnimmst. Das Licht fließt über dein Herz bis hin zu deinem Ort der Intuition. Stell dir vor, dass es hier anfängt zu leuchten, wie ein großer, heller Scheinwerfer. Immer strahlender, immer schöner, immer wärmer. Vielleicht fängt es hier sogar an zu kribbeln, oder du spürst, dass sich der Punkt deiner Intuition scheinbar auszubreiten scheint. Nimm einige Atemzüge nur für dich und bringe deine Intuition zum Leuchten.

Nun spüre einmal, wie es sich anfühlt, so nah bei dir zu sein. So nah bei deiner eigenen, inneren Stimme. Was zeigt sich dir? Kommen Bilder auf? Vielleicht kannst du Farben sehen oder nimmst Geräusche wahr. Vielleicht ist da ein Wunsch oder ein Traum, der in dir aufkommt. Oder aber du hast ein Gefühl. Auch wenn dort nichts ist, ist das völlig in Ordnung. Wie auch immer es sich dir zeigt, nimm es wahr und lass es geschehen, bewerte es aber nicht. Nimm dir dafür einen Augenblick lang Zeit. Alles ist richtig, so wie es ist.

Mach dir einmal bewusst, dass du immer an diesen Ort zurückkehren kannst. Deine Intuition steht dir immer zur Verfügung, sie ist immer da. Wann immer du Entscheidungen treffen willst, kannst du hierherkommen und auf deinen inneren Wegweiser hören. Vertraue darauf, dass du die Antwort kennst und dass du den richtigen Weg einschlagen wirst. Genauso wie du ein Navi aktivierst, kannst auch du deine Intuition einschalten und ihr bewusst Raum geben. Es ist ganz einfach, denn du hast den Mut, deinem inneren Kompass zu folgen. Du kannst dir vertrauen. Fühle diesem wunderbaren Gefühl einen Augenblick lang nach.

Minimeditation in a Box

Dauer: 5 Minuten

1. Komme in deine ganz eigene Meditationshaltung. Lasse deine Kiefergelenke los und entspanne deine Schultern. Atme bewusst ein und wieder aus.

2. Fühle vom Bauchnabel ausgehend zu der Stelle oberhalb des Rippenansatzes, deinem Solarplexus. Dem Ort deiner Intuition. Nimm einatmend Sonnenlicht auf, das du zum Herzen und ausatmend weiter zu deinem Solarplexus schickst. Spüre, wie der Punkt warm wird und anfängt zu leuchten, ja zu strahlen.

3. Auf welche Fragen suchst du Antworten? Welche Entscheidungen dürfen getroffen, welche Träume gelebt werden? Spüre in dich hinein und lass dich von deiner Intuition auf deinem Weg begleiten. Denn die Antwort ist bereits in dir. Sei neugierig und vertraue.

4. Mache dir bewusst, dass deine Intuition immer da ist. Fühle noch einmal zu deinem Solarplexus hin und lasse das Gefühl des Mutes, ihr zu folgen, in dir entstehen.

5. Zum Abschluss der Minimeditation sprich die positiven Worte: »Ich folge meiner Intuition.« Nimm noch einen tiefen Atemzug und öffne dann deine Augen.

Vorwärtsbeuge

Yoga zum Wahrnehmen deiner Intuition

Vital-Offen-Ruhig-Wärmend-Tiefgründig-Sicher-
Befreiend-Unmittelbar-Genüsslich-Elegant

Du kannst dich bei dieser Yogaübung völlig auf deine Intuition verlassen. Setz dich nicht unter Druck. Dein Körper weiß, wie weit er in die Vorwärtsbeuge sinken möchte. Und du machst genau das, deine ganz eigene Vorwärtsbeuge, in der du dich richtig wohlfühlst! Ohne zu bewerten, ohne zu vergleichen.

So geht's

Finde für dich eine bequeme Position im Schneidersitz und erde dich gut über deine Sitzbeinhöcker, sodass du einen festen Sitz einnimmst. Länge deinen Oberkörper, indem du beim Einatmen dein Brustbein hebst und deinen höchsten Punkt, deine Krone, Richtung Himmel schickst.

Mit dem Ausatmen streckst du deine Arme nach vorne aus und beginnst, mit deinem Oberkörper und deinen Armen Richtung Boden zu schweben, bis deine Fingerspitzen den Boden berühren. Achte hierbei darauf, dass du einen geraden Rücken beibehältst.

Beim Einatmen denkst du dich in die Länge und beim Ausatmen kannst du noch ein wenig mehr loslassen und weiter zu Boden sinken. Wenn du möchtest, kannst du diese Position zwei Minuten lang halten. Atme dabei tief und gleichmäßig. Ob du zum Beispiel auch deine Unterarme und deinen Oberkörper ganz ablegen möchtest, ob du nur minimal mit dem Rücken nach vorne gehst und deine Fingerspitzen den Boden berühren, du die ganze Handfläche ablegst oder mit deinem Oberkörper sanft anfängst, hin und her zu wiegen – es gibt viele Variationen dieser Übung. Lass dich von deiner Intuition in deine Vorwärtsbeuge leiten.

Wirkung

Bei der Vorwärtsbeuge tust du etwas für deinen ganzen Wirbelsäulenbereich, denn du lockerst und kräftigst gleichzeitig deine Rückenmuskulatur, indem sie sanft gedehnt wird. Durch deine Sitzbeinhöcker kannst du den festen Kontakt mit dem Boden wahrnehmen, du erdest dich und stärkst damit dein Fundament. Deine Vorwärtsbeuge hat außerdem eine belebende Wirkung auf deine inneren Organe und kann ausgleichend auf dein Nervensystem wirken. Was braucht Mama mehr?!

Warum es hilft – Expertinnen kommen zu Wort

Für Jennifer Wolf, Gründerin von *Geburt mit floW*, Podcasterin und Mama, ist es ein Prozess gewesen, sich ihrer Intuition zu nähern und ihrem Bauchgefühl zu vertrauen. Dabei hat sie einige Hürden überwunden, wobei ihr auch das Mama-Sein geholfen hat:

»Ich habe lange keinen Zugang zu meiner eigenen Intuition gehabt. Sie war da, und ich habe sie wahrgenommen, gespürt und mich aus Angst dagegen entschieden. Ich wollte nicht schon wieder ›gegen‹ den Strom handeln. Das hatte ich schon zu oft gemacht und entsprechend viele negative Erfahrungen damit sammeln müssen. Sei es die Ausgrenzung, das Auslachen oder das Gefühl, nicht ernst genommen zu werden. Auch die Verantwortung für mögliche Konsequenzen fühlte sich damals für mich als unerträglich an, sie tragen zu können. Die Folge war ein Gefühl der inneren Leere, des Funktionierens und das zu tun, was von einer ›guten‹ Angestellten, Freundin, Tochter, Schwester und dann auch Mutter erwartet wird. Ich hatte mich sehr von mir selber entfernt.

Durch meine Tochter durfte ich wieder lernen, mich mit meiner eigenen Intuition zu verbinden und auf mein Gefühl zu vertrauen und danach zu handeln. Das Lachen und Strahlen meiner Tochter war und ist für mich eine sehr gute Resonanz, und so wuchs in mir wieder das tiefe Vertrauen in mich und meine Entscheidungen. Meine Tochter ist nun vier Jahre alt und mit ihrer Intuition sehr verbunden. Ich lerne mehr von ihr als sie von mir, auf die eigene Stimme zu hören. Ich bestätige sie darin, damit sie von dieser starken Verbindung durch ihr Leben getragen werden kann.

Die oben beschriebene Übung verbindet mich mit mir selbst, und ich spüre eine tiefe Verbindung zu meinem Vertrauen in mich selbst und zu meinem Körper. Wenn ich das Gefühl habe, zu sehr im Außen zu sein, mich gestresst fühle, hilft mir diese Übung, wieder Stille und Ruhe zu empfinden und mich neu auszurichten.«

Anregungen für Gedanken und Notizen

Vielleicht möchtest du Erfahrungen oder Beobachtungen, aber auch Gedanken zum Thema »Intuition« festhalten. Die folgenden Fragen kannst du als Impuls oder Denkanstoß nutzen.

- *Fällst du deine Entscheidungen eher im Kopf oder hast du ein starkes Bauchgefühl, welches für dich den Ausschlag bei solchen Prozessen gibt?*
- *Was brauchst du, um gestärkt deinem Bauchgefühl folgen zu können?*
- *In welchem Lebensbereich möchtest du deiner Intuition mehr folgen, und hast du Ideen, wie du das umsetzen kannst?*

Du bist wunderschön – Meditation zur Körperwahrnehmung

Wer kennt diese Tage nicht, an denen man in den Spiegel schaut und nur die Körperteile wahrnimmt, die man an sich nicht so gerne mag. Hier zu viele Rundungen, da die neue Falte. Und erst das graue Haar dort. Wenn ich solch einen Augenblick erwischt habe, betrachte ich mich und möchte schreien: »Das ist dein Körper, warum gehst du so mit ihm um?« Wer legt eigentlich fest, was schön und attraktiv ist, und warum schenken wir dieser Meinung viel mehr Glauben als uns selbst? Warum sind wir oft unglaublich hart zu uns und unserer Hülle und schämen uns für das, was wir sind?

Ich will an dieser Stelle ganz ehrlich sein. Als Mama hat sich mein Körper verändert. Durch zwei Schwangerschaften ist aus der Kleidergröße 34 erst 36 und danach 38 geworden. Ich habe Schwangerschaftsstreifen an diversen Körperstellen, eine Dammschnittnarbe und mein Bauch ist durch überschüssige Haut und zu wenig Bauchmuskeltraining weich und erinnert eher an Wackelpudding als an straffe, trainierte Muskelschichten. Ich habe Augenringe von den Nächten, in denen ich vom Rufen eines der Kinder wach werde, um gemeinsam mit ihnen die Gespenster eines schlechten Traums zu verjagen oder um die Bettwäsche zu wechseln, weil sie zum wiederholten Male einen Magendarminfekt haben und sich erbrechen.

Gerade erwarten wir unser drittes Kind, und ich habe enormen Respekt davor, was die Schwangerschaft mit meinem Körper machen wird. Alles wächst so viel schneller, und mein Hosenbund zwickt in der 12. Woche nun schon bedrohlich. Unter der Geburt werde ich vielleicht wieder reißen, und eine weitere Narbe wird dazukommen. Die Augenringe werden anstatt kleiner größer werden, denn jetzt bin ich in einem Alter, in dem ich es vielleicht nicht mehr so einfach wegstecken werde, in den Nächten wenig Schlaf zu bekommen. Wer weiß, vielleicht entwickeln sich auch Krampfadern und Besenreißer an den Beinen und Füßen. Meine Brüste werden sich weiter verändern und von jungen, knackigen Apfelhälften zu verschrumpelten, herunterhängenden Zitronen werden. Ich mache mir Sorgen, dass sich meine Bauchmuskeln durch die Rückbildung nicht wieder schließen und ein unfitter Beckenboden zurückbleibt, sodass ich mich vor jedem Niesen fürchten muss.

Vermutlich werden mir sprichwörtlich einige graue Haare wachsen, denn ich mache mir immer viel zu viele Gedanken rund um meine Familie. Mit einem dritten Kind werden es vermutlich nicht weniger werden. Ich weiß, dass neue Zeichen dazukommen werden, die mich nach der Schwangerschaft und dem ersten Jahr mit Baby daran erinnern werden, was mein Körper für ein wandelbares Chamäleon ist.

Aber trotzdem ist da dieser unglaubliche Stolz. Auf meinen Körper. Welches Wunder

*»Gerade der Wiedereinstieg in regelmäßigen Sport
nach der Baby- und Kleinkindzeit ist für mich
eine Riesenherausforderung. Manchmal wünsche ich mir
eine gute Fee, die mir einen geheimen Vormittag zusätzlich
schenkt. An dem würde ich ausschlafen, gut frühstücken,
Sport machen und dann lange duschen. Dem Körper
die Aufmerksamkeit schenken, die er verdient.
Und dem Geist Kraft und gute Laune. Das wäre herrlich.«*
Johanna (34), Mama von zwei Kindern (2 und 5 Jahre)

er vollbringt, welche unglaubliche Kraft in ihm steckt und welche Regenerationsfähigkeit. Ich liebe meinen Körper für das, was er ist. Ich mag mich, so wie ich bin, auch mit etwas überschüssiger Haut und Fettpölsterchen am Bauch. Auch mit Schwangerschaftsstreifen, hängenden Brüsten, Falten und grauen Haaren. Mit den Narben, die ich trage und den Augenringen, die ich ohne Schminke zeige. Einfach so. Denn all das erinnert mich an den Weg, den ich bis jetzt und bis hier mit meinem Körper gegangen bin. Alle Veränderungen gehören zu mir, weil sie meine Geschichte sind. Und nicht nur ich mag meinen Körper, sondern auch meine Kinder und mein Mann.

Es ist schön, wenn ich gemeinsam mit den Jungs die Streifen auf meinem Bauch betrachte und wir gemeinsam erkunden, warum sie da sind. Dann erzähle ich gerne, dass rechts des Bauchnabels besonders viele zu finden sind, weil beide immer hauptsächlich auf dieser Seite gelegen haben. Mit einem Schmunzeln erzähle ich ihnen, dass ich am Ende der Schwangerschaften selten einen gleichförmig runden Bauch hatte, sondern eher ein unförmiges Etwas, das eher an ein Ei erinnerte. Daher hat auch mein Kleiner seinen Spitznamen, denn als er noch im Bauch wohnte, nannten wir ihn liebevoll »Beuli«. Diese Geschichten mit meinen Kindern zu teilen, ist ein großes Geschenk für mich.

Eine gute Freundin erzählte mir, dass ihr neulich vom gerade eingeschulten Nachbarskind ein unglaublich schönes Kompliment zu ihren blauen Augen gemacht wurde. Bis sie schließlich sagte: »Aber meine Augen sind doch gar nicht blau, sondern grün.« Da antwortete das Kind ehrlich und gerade heraus: »Ich meine nicht deine Augenfarbe, sondern das Blaue darunter.« Wie schön ist es, wenn man mit einer gehörigen Portion Humor das Leben und die Veränderungen betrachtet, die es mit sich bringt. Ich habe mit meinem Körper meinen Frieden gemacht. Zumindest die meiste Zeit meines Daseins.

Meditation zur Körperwahrnehmung

Dauer: 20 Minuten

Feier deinen Körper, denn er ist zu Großartigem fähig. Du bist einzigartig und darfst jeden Körperteil wertschätzen und lieben, genau so wie er ist! Begib dich auf eine Reise zu dir selbst und nimm dich selbst an, als einzigartiges Mama-Lebewesen in einer wunderschönen Körperhülle.

Dein Körper, du Schöne. Kein Schönheitsideal kann an deinen wunderbaren Körper heranreichen. Ja, du bist schön, wunderschön!

So wie die Schwangerschaft und die Geburt deines Babys dich und dein Leben verändert haben, hat sich während dieser Zeit auch dein Körper verändert. Neun Monate ist in dir Leben entstanden, und das vielleicht größte Ereignis deines Daseins ist bei der Geburt deines Babys passiert: Du bist Mama geworden. Vielleicht hast du dein Kind gestillt und ihm so deine wertvolle Muttermilch zum Wachsen, Nähren, Schützen und Wohlfühlen geschenkt.

Diese wunderbare, einzigartige Reise hat auch deinen Körper gezeichnet. Vielleicht hast du Schwangerschaftsstreifen an Bauch, Gesäß oder Beinen, die zurückgeblieben sind und dich an euren Weg erinnern. Mag sein, dass du Veränderungen an deiner Haut oder aber bei deinen Haaren feststellen konntest. Möglicherweise trägst du sogar eine Narbe durch einen Kaiserschnitt oder einen Dammriss, die nun zu deinem Körper gehört. Vielleicht hat sich die Festigkeit deiner Brust oder deines Gewebes gewandelt oder aber dein Körpergewicht hat sich temporär oder sogar dauerhaft verändert. Auch die Nächte mit wenig Schlaf und die Herausforderungen des Alltags können Spuren hinterlassen haben. Alles ist im Wandel. Du veränderst dich, wie ein Baum, der durch die Jahreszeiten geprägt ist.

Nimm all diese Veränderungen einmal wahr, ohne zu werten. Wenn du an deinen Körper denkst, dann vergleichst du ihn möglicherweise. Vielleicht mit dem Körper, den du vor Jahren einmal oder vor der Schwangerschaft hattest oder aber mit anderen Frauen, die in deinen Augen den perfekten Körper haben. Du musst dich nicht vergleichen. Mache dir bewusst, dass diese Veränderungen zu dir und zu deiner Geschichte gehören. Durch deine Schwangerschaft, die Geburt und das Mama-Sein bist du zur Frau herangereift. Und so auch dein Körper. Du bist einzigartig und wunderschön. Du hast das Recht, jede einzelne Zelle deines Körpers zu lieben. Du darfst mit Wohlwollen an deinen Körper denken, ihn mit Anerkennung überfluten, denn er hat Wunderbares geleistet und vollbracht. Spüre diesem Gedanken einen Augenblick lang nach.

Wandere mit deiner Aufmerksamkeit einmal in einen Bereich deines Körpers, den du wirklich schön findest. Vielleicht ist es dein Gesicht, deine Brust, dein Bauch, dein Po oder sind es deine Beine, vielleicht denkst du auch sofort an deine Haare oder ein liebenswertes Grübchen oder Muttermal. Lasse dir einen Augenblick lang Zeit, und wenn du die Stelle deines Körpers gefunden hast, in der du dich ganz wohlfühlst, dann bleibe hier. Spüre, dass du einfach nur wunderschön bist, und lasse dieses Gefühl mit jedem Atemzug größer werden. Was für ein Fest, dich und deinen Körper so lieb zu haben. Vielleicht durchströmt dich ein Gefühl der unbeschreiblichen Wertschätzung und du begegnest deiner wahren, tiefen Schönheit. Bleibe für einen Augenblick lang hier und lasse das, was sich dir jetzt zeigt, intensiver werden.

Betrachte dann deinen Körper noch einmal und gehe zu einer Stelle, der du mit Skepsis gegenüberstehst und in der du vielleicht im ersten Augenblick gar keine Schönheit wahrnimmst, sondern eher einen Makel erkennst. Manchmal ist es die Stelle, die uns als Erstes ganz intuitiv in den Sinn kommt. Spüre einmal zu dieser Körperstelle hin. Hole dir dann das Gefühl deiner unbeschreiblichen Wertschätzung und Schönheit zurück in dein Bewusstsein und übertrage es auf diese Region. Du kannst das. Es ist ganz einfach. Das Gefühl breitet sich hier wie von allein aus. Einfach so, ist ganz leicht. Spüre in dich hinein und genieße, dass du deinen Körper als einzigartiges Geschenk annehmen kannst.

Das bist du. Du und dein Körper, ihr seid wunderschön. Du und dein Körper, ihr leuchtet von innen. Du und dein Körper, ihr seid einzigartig. Du und dein Körper, ihr seid kraftvoll. Du und dein Körper, ihr seid ganz und gar perfekt. Genieße dich und deinen Körper noch für einen Augenblick in Stille.

Minimeditation in a Box

Dauer: 5 Minuten

1. Wähle eine Meditationshaltung mit aufrechtem Rücken. Atme tief ein und wieder aus und schließe deine Augen. Spüre die Verbindung zu dir.

2. Dein Mama-Körper. Wie fühlt er sich an, was hat sich alles an ihm gewandelt auf eurer Reise bis heute, bis hierher? Nimm alle Veränderungen einmal wahr, ohne zu werten und ohne zu vergleichen.

3. Reise in Gedanken zu einer Stelle deines Körpers, die du sehr magst. Du bist einfach nur wunderschön. Spüre dem Gefühl der bedingungslosen Liebe zu deinem Körper nach und lass sie mit jedem Atemzug mehr und mehr wachsen.

4. Wandere dann mit deiner Aufmerksamkeit zu einer Stelle, die du als makelbehaftet ansiehst. Erkenne und erlaube dir, dass du dich auch hier schön finden darfst. Hole dir das Gefühl der bedingungslosen Liebe von eben zurück und übertrage es genau hierher. Es ist ganz einfach. Nimm wahr, wie sich deine Einstellung deinem Körper gegenüber verändert.

5. Nimm dich zum Abschluss der Minimeditation einmal selbst liebevoll in den Arm. Du bist eine Göttin. Wunderschön und einzigartig! Atme tief ein und aus. Beende die Meditation, indem du deine Augen öffnest.

Umarmung

Sich liebevoll selbst in den Arm nehmen

Urvertraut-**M**utig-**A**temberaubend-**R**ichtig-
Makellos-**U**nwiderstehlich-**N**atürlich-**G**enussvoll

Eine kleine Geste mit ganz großer Wirkung: Eine Umarmung kannst du dir jederzeit und überall schenken und so die Verbindung zu deiner Schönheit spüren. Beobachte, wie dabei ein Lächeln auf dein Gesicht gezaubert wird, das du in den weiteren Verlauf deines Tages mitnehmen kannst.

So geht's

Komme in eine sitzende Position deiner Wahl. Spüre, wo du mit deinem Körper den Boden wahrnehmen kannst und finde deinen Halt. Lass Wurzeln wachsen, die dir Stabilität verleihen. Schließe dann deine Augen. Atme bewusst ein und aus. Schicke zwei bis drei Atemzüge tief in deinen Bauch hinein. Lass deinen Atem dann fließen, ohne ihn weiter zu beeinflussen.

Nun hebe deine Arme und gib dir selbst eine liebevolle und zärtliche Umarmung. Nimm dich in den Arm, genauso wie du auch deine Kinder in die Arme zu schließen pflegst. Spüre den Halt, den du dir gibst, die Wärme, die Geborgenheit. Vielleicht möchtest du deinen Kopf sanft zu deiner Brust sinken lassen und so noch intensiver in die Umarmung eintauchen. Verspürst du den Impuls, dich hin und her zu wiegen, dann gib ihm nach. Spüre die einzigartige und echte Liebe zu dir selbst. Nimm fünf bis sechs tiefe und gleichmäßige Atemzüge und genieße dich in dieser Position.

Löse die Umarmung dann langsam und behutsam auf und spüre nach. Atme noch einmal tief ein und aus. Bist du bereit für die zweite Runde uneingeschränkter Selbstliebe?

Nimm die Arme ein weiteres Mal nach oben und umarme dich erneut. Dieses Mal ist dein anderer Arm jedoch vorne. Wie fühlt sich das an? Unsere Körperhälften sind nicht identisch, es gibt feine Unterschiede. Vielleicht kannst du das auch in deiner Umarmung wahrnehmen. Bewerte es aber nicht. Möchtest du den Kopf wieder zur Brust ziehen oder dich sanft hin und her wiegen, dann folge deiner Intuition und dem, was dir jetzt guttut.

Um deiner Geste noch einmal Nachdruck zu verleihen, bist du eingeladen, deine Umarmung mit einer Affirmation zu koppeln. Vielleicht sagst du dir beim Einatmen: »Ich liebe meinen Körper so, wie er ist« und beim Ausatmen: »Ich schätze mich wert«.

Wirkung

Je mehr du dich selbst und deinen Körper lieben lernst, desto unabhängiger wirst du auch von Bestätigung von außen sein und erreichst eine innere Freiheit. Durch deine Umarmung, die du dir selbst schenkst, drückst du all das aus. Sie bringt dich ganz nah zu dir selbst und stärkt gleichermaßen dein Selbstwertgefühl. Zudem wird durch die Geste ein Geborgenheitsgefühl ausgelöst, das du dir jederzeit selbst schenken kannst. Durch die liebevolle Berührung und das Gefühl des Gehaltenseins setzt dein Körper Hormone frei, die einen Zustand des Glücks und der inneren Zufriedenheit fördern. Deshalb Achtung: Selbstumarmung kann süchtig machen!

Warum es hilft – Expertinnen kommen zu Wort

Leandra Vogt ist Kindheitspädagogin und Resilienztrainerin. Sie unterstützt Mütter dabei, zum einen das Verhalten ihrer Kinder besser zu verstehen und zum anderen ihre persönlichen Kraftressourcen zu finden, zu mobilisieren und für ihre starke und gelassene Mutterschaft zu nutzen. Sie hat selbst ein Kind und weiß um die Veränderungen des Körpers als Mama, geht aber gelassen damit um:

»Sich selbst anzuerkennen und ›das, was ist‹, zu umarmen, ist unendlich wertvoll. So zeigen uns Ergebnisse der Resilienzforschung (Resilienz = innere Stärke, Fähigkeit, nach Krisen, Herausforderungen und Stressbelastungen mit Lebensfreude weiterzugehen), dass resiliente Menschen im allerersten Schritt die Wahrheit anerkennen. Es ist wie eine Art Ist-Analyse, die es uns erlaubt, mit offenem Blick die Chance und Ressourcen in unserer Herausforderung zu erkennen. Dein Körper mag sich verändert haben, und ein innerer Widerstand macht sich in dir bemerkbar. Der offene, liebevolle Blick in Kombination mit der wunderschönen Umarmung erlauben es dir, das Wunder, die Liebe und den unendlichen Wert dieser Veränderung zu erkennen.«

Anregungen für Gedanken und Notizen

Vielleicht möchtest du Erfahrungen oder Beobachtungen, aber auch Gedanken zum Thema »Dein Körper, du wunderschöne Mama« festhalten. Die folgenden Fragen kannst du als Impuls oder Denkanstoß nutzen.

- *Hat sich dein Körper durch die Schwangerschaft, die Geburt und durch das Mama-Sein verändert?*
- *Wie gehst du mit diesem Wandlungsprozess um? Kannst du ihn annehmen oder haderst du damit?*
- *Welche Körperteile liebst du an dir und warum?*

Du bist die Göttin – Meditation zu deiner Gebärmutter

Seitdem ich Kinder habe, hat sich das Bewusstsein für meine Gebärmutter grundlegend verändert. Früher, anlässlich meiner monatlichen Periode, habe ich sie als ein eher lästiges Organ empfunden, und ich hätte wohl niemals gedacht, dass ich heute so eine liebevolle und intensive Beziehung zu ihr führen würde. Ja, ich führe eine Beziehung mit meiner Gebärmutter! Erst mit der Schwangerschaft und mit der Geburt meiner Kinder fing ich an zu erahnen, was da eigentlich für ein Wunder in mir schlummert. Mir wurde schlagartig bewusst, dass ich Leben schenken kann. Und nicht nur das, ich begriff, dass meine Gebärmutter der Zugang zu meiner Weiblichkeit ist.

Lange Zeit ist mir das verborgen gewesen, wie ein lange vergessener Pfad, der über Jahrzehnte durch ein undurchdringbares Pflanzendickicht überwuchert wurde und erst bei hartnäckigem Suchen wieder zum Vorschein kommt. Allein das Finden reicht nicht aus, denn ich stellte fest, dass der ohnehin schon zugewucherte Pfad meiner Weiblichkeit durch tiefes Schamempfinden wie unerreichbar schien. Dadurch habe ich mich lange Zeit von dieser Weiblichkeit wie abgetrennt gefühlt. Es ist sogar so gewesen, dass ich für all das, was mich als Frau ausmacht, noch nicht einmal Worte hatte. Für meine Geschlechtsorgane »da unten« fielen mir Begriffe wie Möse, Pussy, Muschi oder schlimmerweise auch Schimpfworte wie Fotze ein, und es hat mich lange Zeit noch nicht einmal stutzig gemacht, diesem wunderbaren Teil von mir solche Worte zuzuweisen. Mit Scheide verband ich eher Krankheiten, denn sie hatte in meinen Augen irgendwie Pilze, und die Vagina kam meistens in Verbindung mit unangenehm empfundenen Frauenarztbesuchen zur Sprache. Auch meine Schamlippen waren bestenfalls irgendwo da unten zu finden und erneut mit Scham besetzt. Meine Gebärmutter blutete jeden Monat und dabei hatte ich regelmäßig tatsächlich richtige Schmerzen. Wie soll man da einen Zugang zu seiner Weiblichkeit finden?

Es hat gedauert, bis sich in mir neues Leben entwickelte, ich einem Menschlein ein sicheres zu Hause bot und meine Hebamme meine Hände nahm und mich an die Stelle meiner Gebärmutter führte. »Spürst du dort dieses kleine Ei? Ganz eindeutig, da in deiner Gebärmutter wohnt jemand!« Weil ich noch sehr unerfahren im Ertasten meiner Gebärmutter war, fiel es mir schwer, sie in diesem Moment zu erfühlen, aber trotzdem spürte ich die Magie dieses Augenblicks. Ja, ich bin eine Göttin und in mir wohnt meine Weiblichkeit. Sie führt mich tief zu mir und meiner Wahrheit, verbindet mich mit allen Frauen dieser Welt und auch mit meinen Vorfahren. Denn wenn man es sich genau überlegt, dann war ich im Körper meiner Mama als kleines Ei angelegt bereits im Bauch meiner Oma. Dieses Fühlen meiner Gebärmutter war wie ein Schlüsselerlebnis für mich, all das zu entdecken hat für mich lange Zeit gebraucht und ich bin immer noch auf der Reise.

Immer wenn ich mich mit anderen Frauen über Weiblichkeit und das weibliche Geschlecht unterhalte, bin ich erstaunt, wie selten wir uns doch damit beschäftigen und wie wenig wir uns mit unseren eigenen Geschlechtsorganen und unserer Gebärmutter identifizieren. Und das tut mir in meinem Herzen weh. Denn wir sollten uns feiern! Als Göttinnen, als lebendes Wunder und das jeden Tag, ja jeden einzelnen Augenblick. Mir hat die regelmäßige Reise zu meiner Gebärmutter enorm geholfen, mich wieder an diesem heiligen Ort wahrzunehmen, in ihm anzukommen und mich in mir selbst zu Hause zu fühlen. Meine Geschlechtsorgane benenne ich seither mit dem aus dem Sanskrit stammenden Wort Yoni, weil ich diesen Klang so wundervoll finde und die Bedeutung Mutterleib, Ursprung und auch Quelle so treffend finde. Welche Worte findest du für dich?

Was Mamas dazu sagen

»She's got the whole world in her womb ...«
Sonja (50), Mama von vier Kindern (6, 14, 20 und 22 Jahre)

»Ich bin sehr mit meiner Gebärmutter verbunden,
weil ich eine Frau bin, die beim Orgasmus starke Gebärmutter-
kontraktionen hat. Meine Gebärmutter hat drei Kinder
ausgetragen und ein kleines Sternchen, solange es ging, behütet.
Mein Gebärmutter- und Gesamtkörpergefühl, mein Zykluswissen,
meine Frauengesundheit und mein sexuelles Erleben kamen erst
nach dem Ende der hormonellen Verhütung mit dem ersten Kind.
Je älter, je besser das weibliche Körpergefühl.«
Nadine Berger, Jungsmama (3, 7 und 9 Jahre) mit Sternenkind

Meditationsreise zu deiner Gebärmutter

Dauer: 20–25 Minuten

Bist du in Gedanken schon einmal zu deiner Gebärmutter gereist und hast dir Zeit genommen, dich umzusehen und dich hier wie zu Hause zu fühlen? Diese Meditation nimmt dich mit tief hinein in dich selbst und zum Ursprung deiner Weiblichkeit. Manchmal erfordert es etwas Mut und Gewöhnung. Trau dich, denn es gilt noch so viel zu entdecken!

Mache dir nun einmal ganz bewusst, dass das hier nun deine Zeit ist. Deine Zeit nur für dich und für dein weibliches Zentrum – deine Gebärmutter. Vielleicht hast du diesem wundervollen Organ noch nicht allzu viel Aufmerksamkeit geschenkt. Nutze diesen Moment, um ganz achtsam zu deiner Gebärmutter zu spüren.

Beobachte für einen Augenblick lang deinen Atem. Spüre, wie mit dem Einatmen der Atem zu dir kommt und wie er beim Ausatmen wieder geht. Ein rhythmisches Kommen und Gehen, ganz im Einklang mit dir. Nimm so zwei bis drei tiefe, vollständige und bewusste Atemzüge in deinen Bauchraum hinein.

Wenn du die zwei bis drei Atemzüge genommen hast, dann kannst du deinen Atem tiefer gehen lassen. Stell dir vor, wie jeder Atemzug deine Gebärmutter erreicht. Auch wenn deine Gebärmutter als Organ nicht mehr vorhanden ist, kannst du genauso deinen Atem zu dieser Körperstelle schicken. Spüre, wie du ruhig wirst. Spüre, wie du loslassen kannst. Spüre, wie du dich öffnen kannst. Spüre, wie du empfangen kannst. Vielleicht hast du den Impuls, deine Gebärmutter einmal zu fragen, was sie braucht. Eine Streicheleinheit, ein anerkennendes Wort, vielleicht ein sanftes Schaukeln, ein Gehaltenwerden oder auch etwas ganz anderes. Nimm dir einen Augenblick Zeit, und lausche auf die Antwort, um deiner Gebärmutter das zu geben, was sie braucht.

Vielleicht möchtest du dich auch einmal ins Innere deiner Gebärmutter wagen. Wenn du magst, kannst du sie um Erlaubnis fragen. Bestimmt gewährt sie dir Eintritt. Vielleicht durch ein Tor, was sich vor dir öffnet, oder durch einen kleinen Spalt, durch den du hineinschlüpfen kannst. Sieh dich in deiner Gebärmutter um. Was kannst du sehen oder auch riechen? Wie fühlt es sich an, hier im Inneren deines weiblichen Zentrums zu sein? Ist es gemütlich, warm, herrscht ein wohliges Licht? Genieße den Moment und erfreue dich daran, einfach zu sein.

Du darfst dich wohlfühlen in deiner Gebärmutter. Genau hier ist dein Frausein beheimatet. Genau hier entsteht Leben. Vielleicht spürst du die Kraft, die Sinnlichkeit und die Sicherheit, die deine Gebärmutter in sich birgt. Nimm wahr, dass hier deine innere Wahrheit sitzt und du eine tiefe Verbundenheit mit dir selbst empfinden kannst. Genieße diese Gefühle und lasse sie mit jedem Atemzug größer werden.

Vielleicht möchtest du dir in deiner Gebärmutter einen roten Kristall vorstellen. Mit jedem Atemzug von dir fängt er an mehr zu strahlen, ja zu leuchten. Und so gelangt immer mehr Präsenz und Gegenwärtigkeit in deine Gebärmutter. Lass zu, dass das rote Licht mit jedem Atemzug stärker und intensiver werden kann, und beobachte, wie es sich vielleicht anfängt, in deinem Körper auszubreiten. Spüre die erwachende Energie dieses uralten Pfades deines Frauseins. Gib dich dieser Verbundenheit hin und genieße das Leuchten deiner Gebärmutter. Das rote Licht schützt dich, nährt dich, wärmt dich und bringt dich näher zu dir selbst.

Wenn du möchtest, kannst du nun deine Hände auf deinen Bauch zu deiner Gebärmutter legen. Deine Gebärmutter wird nun sanft umschlossen und von deinen Händen eingerahmt. Vielleicht verspürst du einen inneren Impuls, dich sanft hin und her zu wiegen. Dann folge diesem Impuls und genieße das sanfte Schaukeln.

Du weißt intuitiv, dass alle Frauen ebenfalls dieses weibliche Kraftzentrum in sich tragen. Tauche ein in die Verbindung zwischen jeder einzelnen Frau und dir. Ihr alle bildet einen Kreis, in dem ihr auf Augenhöhe miteinander sein könnt. Spüre den Halt, den ihr euch gebt, die Liebe, die euch verbindet. Ein feines, aber starkes Netz beginnt sich zwischen euch zu spannen. Ein Netz, das jede Einzelne von euch willkommen heißt und wertschätzt. Nimm den Zusammenhalt zwischen all den Frauen und dir wahr und mache dir bewusst, dass du nicht allein bist. Gemeinsam Frau sein. Gemeinsam stark sein. Genieße dieses aufkommende Gefühl der Gemeinschaft, von der du ein Teil bist, einen Augenblick lang.

Mache dir nun einmal bewusst, dass du jederzeit hier in deiner Gebärmutter sein und immer an diesen Ort deiner Weiblichkeit reisen kannst. Wann immer dir danach ist, wann immer du es brauchst. Fühle diesem beruhigenden Gedanken einmal nach.

Minimeditation in a Box

Dauer: 5 Minuten

1. Wähle eine Meditationshaltung mit aufrechtem Rücken. Atme tief ein und wieder aus und schließe deine Augen. Spüre die Verbindung zu dir.

2. Reise in Gedanken zu deiner Gebärmutter. Vielleicht warst du noch nie hier oder aber ihr seid bereits alte Bekannte. Bitte deine Gebärmutter um Eintritt und schaue dich ganz in Ruhe um. Wie fühlst du dich? Was nimmst du wahr? Verweile einen Augenblick und komme in deinem weiblichen Zentrum an.

3. Spüre die Kraft, die Sinnlichkeit und das Wunder, Leben schenken zu können. All das ist in dir und in deiner Gebärmutter beheimatet. Du darfst dich hier wohlfühlen und dein Frausein genießen.

4. Abschließend kannst du deine Gebärmutter einmal fragen, was sie braucht. Vielleicht schaukelst du sanft hin und her und bist so noch einmal mehr mit ihr verbunden. Bedanke dich bei ihr und nimm nun einige tiefe Atemzüge, bevor du in deine Wirklichkeit zurückkehrst.

Yoni-Mudra
Fingerübung für deine Weiblichkeit

Y-förmig-*O*ffen-*N*atürlich-*I*ntuitiv

Das Wort »Yoni« hat seinen Ursprung im Sanskrit und bedeutet so viel wie »Mutterleib«, »Ursprung« und auch »Quelle« und umfasst alle weiblichen Geschlechtsorgane. Ihr ist ein Mudra gewidmet, das du ausprobieren kannst, wenn du dich deiner ureigenen Weiblichkeit auf eine sanfte Art und Weise nähern möchtest.

So geht's

Für das Yoni Mudra legst du deine Handflächen vor deinem Unterleib aneinander, sodass deine Finger vom Körper weggerichtet sind. Öffne dann die Hände, sodass nur noch Zeigefinger- und Daumenkuppe mit sanftem Druck zusammenliegen. Deine geschlossenen Daumenkuppen sind nun zu deinem Körper gerichtet, während die anderen Finger vom Körper wegzeigen.

Wenn du nun zu deinen Händen hinunterblickst, siehst du, dass Daumen und Zeigefinger die Form von Yoni, dem weiblichen Schoß, bilden. Deine Mittel-, Ring- und kleinen Finger klappst du nach innen, sodass die mittleren Fingerpartien aneinander liegen und die Fingerkuppen frei zur Handfläche zeigen. Wenn du das Mudra zum ersten Mal ausprobierst, dann kommt es dir vielleicht ein bisschen wie Fingersalat vor, in den du aber ganz schnell Ordnung bringen wirst.

Wirkung

Immer wenn du in deinem Mama-Alltag versinkst und um dich herum Chaos herrscht, kannst du dieses Mudra üben. Es hilft dir, dich von der Außenwelt zu lösen, und richtet deinen Blick für einen Augenblick lang nach innen. Du kannst dabei spüren, wie sich dein Geist und deine Nerven beruhigen und du einen Zugang zu dir und deinem weiblichen Kraftzentrum findest. Es führt dich zu der Quelle deiner innewohnenden Schöpferenergie und bringt dich zurück in deine Mitte.

Warum es hilft – Expertinnen kommen zu Wort

Pia Mortimer ist ganzheitlicher Frauencoach und arbeitet online und vor Ort in Hamburg in Einzelsitzungen und Kursen mit Frauen zu den Themen Weiblichkeit, Sexualität und Freiheit. Aus ihrer Sicht umfasst die Gebärmutter für die Mama Weisheit, Sanftmut, Verbundenheit, Bewusstsein und Selbstheilung.

»All das verbinde ich mit unserem weiblichen Kraftzentrum, mit meinem weiblichen Schoß. Hier liegen tiefste Verletzungen verborgen, die von Generation zu Generation in der weiblicher Ahnenlinie weitergegeben werden und nur darauf warten, entdeckt zu werden. Die Hinwendung zu unserem Schoß kann uns direkt mit kollektivem Schmerz verbinden, und wir können durch diese tiefe Bewusstseinsarbeit gleichzeitig selbstbestimmt heilen, indem wir ihr einfach lauschen. Auf die inneren Bilder, Gefühle, Sätze, Erfahrungen achten, die uns in der wundervollen Meditation von Katrin und im Yoni-Mudra begegnen.

Je bewusster wir uns über unsere Dunkelheit werden, desto heller können wir strahlen. Je mehr wir uns hingeben, loslassen, vertrauen, desto wilder und freier können wir in unserer eigenen Kraft als Frau, Partnerin, Mutter, Freundin leben. Lerne zu lauschen, gib dich hin und vertrau deiner innersten, tiefsten Weisheit und wachse hinein in deine wilde und freie Kraft und Selbstbestimmung.«

Anregungen für Gedanken und Notizen

Vielleicht möchtest du Erfahrungen oder Beobachtungen, aber auch Gedanken zum Thema »Du bist die Göttin – Meditationsreise zu deiner Gebärmutter« festhalten. Die folgenden Fragen kannst du als Impuls oder Denkanstoß nutzen.

- *Wie fühlt es sich für dich an, zu deiner Gebärmutter zu reisen?*
- *Ist der Pfad zu deiner Weiblichkeit noch von Pflanzen bewachsen oder liegt er bereits offen zugänglich vor dir?*
- *Was wünschst du dir für dich als Frau für die Zukunft?*

Müde Mamas werden munter – Meditation bei schlaflosen Nächten

Neulich rief mich meine Schwester an, die eine einjährige Tochter mitten im Entwicklungssprung hat. Sie erzählte mir, dass die Kleine gerade am Tag nicht viel Flüssigkeit zu sich nimmt, dann aber in der Nacht flaschenweise Wasser trinkt, um scheinbar alles nachzuholen. Meine Schwester berichtete verzweifelt, wie unendlich müde sie ist und dass es noch keine Phase in ihrem Familienleben gegeben hat, in der sie so erschöpft gewesen ist. Selbst nach der Geburt nicht. Innerlich musste ich ein bisschen schmunzeln, denn wenn ich an die ersten Jahre mit meinen Söhnen denke, dann war ich von Anfang an eins, nämlich müde und erschöpft. Meine beiden Jungs schliefen »schlecht«. Zumindest dachte ich das damals in meinem stillen Mama-Kämmerlein. Heute weiß ich, dass sie ein ganz normales, ihrem Alter entsprechend entwickeltes Schlafverhalten zeigten.

Trotzdem war und ist Schlaf in meinem Leben ein Thema, das mich oft in meinem Alltag beeinträchtigt. Wenn ich wieder eine Nacht hinter mir habe, in der Papas Hilfe kategorisch von den Kindern abgelehnt wird und ich, und auch wirklich nur ich, mehrfach ans Bett meiner Kinder eilen darf, um sie zu trösten, ihnen etwas zu trinken zu geben oder sie zuzudecken, dann fühle ich mich am nächsten Tag wie gerädert. Einen klaren Gedanken zu fassen, fällt mir dann echt schwer. Das über die Jahre anhaltende Schlafdefizit hat Auswirkungen auf mein Seelenleben und meine ganze Persönlichkeit gehabt. Ich war leicht reizbar, hatte oft kein oder wenig Verständnis für mein Gegenüber und meine Geduld hing schon morgens am seidenen Faden. Ich manövrierte mich in meinem Alltag selbst in ein tiefes Loch hinein, wo nur eins zählte: wie viel ich in der Nacht geschlafen hatte oder eben nicht. Über eine lange Zeit setzte sich bei mir immer wieder eine negative Gedankenspirale in Gang, und ich ließ mich von ihr mit in den Abgrund ziehen. Da waren Fragen nach dem Warum, die mich lange Zeit quälten. Warum schläft der Kleine so schlecht? Ist das in seinem Alter normal? Warum kann ich das nicht ändern? Bis ich schließlich merkte, dass die Frage nach dem Warum völlig überflüssig ist, denn wenn ich es mir recht und ehrlich überlege, würde ich darauf nie wirklich eine Antwort finden können.

Irgendwann habe ich begriffen, dass ich ganz allein für mein Mindset verantwortlich bin und aktiv darüber entscheiden kann, was ich wann denke. Wenn sich meine Gedanken beispielsweise ständig defizitorientiert um meine Müdigkeit drehen, dann bin ich natürlich erschöpft und genervt. Wenn ich allerdings anerkennende Worte finde, wie »Ich habe wenig geschlafen. Das ist keine optimale Situation, aber ich kann das Beste daraus machen«, fühlt sich wenig Schlaf plötzlich ganz anders an. Zudem kam die Frage bei mir auf, was ist eigentlich »wenig Schlaf«? Ich beobachtete beispielsweise an mir, dass mein Körper gerade in der Zeit mit kleinen Kindern »anders« schläft. Anstatt dass ich wie in meinem früheren Leben ohne Kinder acht Stunden Schlaf brauche, erkannte ich, dass mein Körper schon mit wenigen Zeitstunden ein Maß an Erholung

Was Mamas dazu sagen

»Nach schlaflosen Nächten gibt es mir Kraft, meiner Tochter ganz offen zu sagen, dass ich heute müde bin und ich mich auch hin und wieder etwas ausruhen muss. Dann finden wir eigentlich immer eine Beschäftigung, die mich etwas entlastet, z.B. gemeinsam ein Buch lesen oder nur auf den Spielplatz vor dem Haus gehen anstatt ins Schwimmbad. Außerdem lasse ich den Haushalt mal sein.«

Claudia (36), gerade schwanger und Mama einer Tochter (4,5 Jahre)

»Schlaf ist immer ein Thema für mich, seitdem mein Sohn auf der Welt ist. Ich bin eigentlich eine Nachteule und versuche trotzdem immer, um elf im Bett zu sein. Die Kinder kriegen meine Müdigkeit auf jeden Fall zu spüren, ich bin gereizter, weniger präsent und oft mit mir selbst unzufrieden. Schlafmangel an sich ist nicht so schlimm, wird aber in Kombination mit Arbeits- und Alltagsstress zum Problem.«

Anouk (35), Mama von zwei Kindern (1,5 und 7 Jahre)

erreicht, die ich benötige, um gut durch den Tag zu kommen. Diese in mir festgeschriebenen acht Stunden loszulassen, um mich ausgeschlafen zu fühlen, war eine echte Erleichterung und hat mir viel Druck genommen.

Zudem meditierte ich über einen längeren Zeitraum regelmäßig mit dem gleichen Satz: »Ich schaffe immer meinen Tag.« Denn genau so ist es. Ganz gleich, wie die Nacht gewesen ist, ich schaffe das Aufstehen, das Fertigmachen der Kinder, das Einkaufen, das Kochen, das Wäschewaschen, das Arbeiten, das Abholen der Kinder, das Nachmittagsprogramm und auch noch das Ins-Bettgeh-Ritual. Alle Herausforderungen sind machbar, das hat mich das Leben mit Kindern seit mehr als sieben Jahren gelehrt. Dieser Satz hilft mir und gerade in Zeiten schwieriger Schlafphasen kann ich dadurch abends besser zur Ruhe zu kommen. Denn auf einmal ist da nicht mehr die Angst und die Sorge vor dem nächsten Tag, sondern die Gewissheit, dass ich es schaffen werde.

Ich weiß, was Müdigkeit ist, und jahrelang war es auch mein Credo gegen ein drittes Kind, denn die Nächte haben mich ausgezehrt und ich konnte mir absolut nicht vorstellen, diese Tortur noch einmal durchzustehen. Aber trotzdem habe ich für mich erkannt, dass es einen Weg aus der Spirale gibt. Dass ich jeden Tag neu entscheiden kann, wie ich mit wenig Schlaf umgehe. Diese Freiheit gibt mir eine Selbstbestimmung in meinem Leben zurück, denn ich bin nicht mehr nur ein Roboter meines Schlafdefizits. Und nun erwarte ich mein drittes Baby.

Meditation bei schlaflosen Nächten

Dauer: 15 Minuten oder länger

Müdigkeit kann der zweite Begleiter einer Mama sein. Dabei liegt die Betonung aber auf dem *Kann*. Die Meditation nimmt dich mit zu deinem ganz eigenen Lichtort und vertreibt deine Müdigkeit! Du bist eine Kraftgöttin, die egal, wie viel oder wenig sie geschlafen hat, ihren Tag souverän meistert. Tauche ein und sammle neue Energie für deinen weiteren Tagesverlauf!

Vielleicht fühlst du dich an manchem Morgen richtig gerädert. Es kann sein, dass du mehrfach in der Nacht geweckt worden bist, um dein Kind oder auch deine Kinder durch einen bösen Traum zu trösten. Oder aber dein Gedankenkarussell hat dich am Abend nicht einschlafen lassen. Du stellst dir die Frage, wie du diesen Tag mit all seinen Anforderungen, die an dich herangetragen werden, schaffen sollst. Nimm dir einen Augenblick lang Zeit und atme tief und gleichmäßig in diesem Moment.

Vielleicht möchtest du dir einmal vorstellen, dass in dir ein Licht scheint. Ein Licht, das vielleicht gerade noch winzig klein ist, aber du spürst es und weißt ganz intuitiv, dass es da ist. Es ist dein Licht, das nur für dich scheint und dir Kraft und Energie bringt. Dein Licht, das dich deine Müdigkeit vergessen lässt. Spüre einmal in dich hinein und finde den Ort, an dem dein Licht leuchtet. Vielleicht kannst du es im Herzen wahrnehmen, vielleicht im Bauch oder auch an einer ganz anderen Stelle in deinem Körper. Wo auch immer du es fühlst, es ist genau richtig. Verweile einen Augenblick an deinem ganz eigenen Lichtort.

Beobachte dein Licht und betrachte es einmal mit voller Neugierde. Hat es eine spezielle Farbe, die du wahrnehmen kannst, und wie fühlt es sich an? Stell dir nun vor, dass mit jedem Atemzug, den du nimmst, dein Licht stärker, heller und auch in seiner Farbe intensiver wird. Es beginnt zu strahlen, zu leuchten und fängt schließlich an sich auszubreiten, bis es jede Zelle deines Körpers erreicht hat. Dein Licht durchflutet dich und nun hat die dunkle Seite der Müdigkeit gar keinen Platz mehr in dir. Vielleicht möchtest du dein Licht ebenfalls um deinen Körper herumfließen lassen. Es tritt zu allen Seiten aus, bis du sanft umschlossen bist, von einem Wohlfühlmantel aus Licht. So völlig erfüllt und umhüllt, nimmst du vielleicht ein wunderbares Gefühl von Leichtigkeit und Wärme wahr, das deinen Körper durchströmt. Oder aber es zeigt sich dir auf eine andere Art und Weise. Bleibe bei diesem Gefühl und lass es mit jedem deiner Atemzüge wachsen, bis es dich ganz erfüllt.

Stell dir nun einmal deinen Tag mit allen Herausforderungen, die da auf dich warten, vor. In deiner Vorstellung gehst du Schritt für Schritt, Stunde um Stunde durch deinen Tag, und du merkst, dass du eine wahre Kraftgöttin bist. Du stehst auf, kümmerst dich um deine Kinder, machst sie fertig für ihren Tag, gehst zur Arbeit, erledigst den Haushalt, gestaltest das Nachmittagsprogramm und sorgst dafür, dass ihr als Familie einen guten Tagesabschluss findet. Du kümmerst dich um dich und um deine zwischenmenschlichen Beziehungen. All das, was du leistest, zieht an deinem inneren Auge vorbei, und du merkst, dass dir Nichts etwas anhaben kann. Denn du schaffst IMMER deinen Tag. Egal, was passiert, du bist kraftvoll, mutig, ausgeglichen und einfach du selbst. Wenn du möchtest, dann sprich den folgenden Kraftsatz für dich in Gedanken nach oder lass ihn auch einfach nur auf dich wirken: »Ich schaffe immer meinen Tag.« Beobachte, was passiert, ohne zu werten und lass dir dafür einen Augenblick lang Zeit.

Spüre noch einmal nach und werde dir bewusst, dass du dieses Gefühl nun mit in deinen Alltag nehmen wirst. Wie eine gute Freundin steht es dir zur Seite und kann dir, wann immer du es brauchst, Kraft und Energie geben. So fühlst du dich nach der Meditation frisch, ausgeglichen und blickst zuversichtlich in deinen Tag.

Minimeditation in a Box

Dauer: 5 Minuten

1. Komme in deine stabile Meditationshaltung mit aufrechtem Rücken und erde dich über deine Sitzbeinhöcker. Lasse deine Kiefergelenke los und entspanne deine Schultern.

2. Fühle nach einer Nacht mit wenig Schlaf in dich hinein. Konzentriere dich in diesem Moment auf deinen Atem. Atme tief ein und wieder aus. Ganz intuitiv fühlst du in diesem Moment des bewussten Atmens, dass da ein Licht in dir scheint. Gerade leuchtet es nur ganz schwach, aber es ist da. Stell dir vor, dass dein Licht mit jedem Atemzug heller wird. Sieh nur, es beginnt in dir zu leuchten. Jetzt nimmt das Licht alle Müdigkeit von dir und schenkt dir Kraft und Energie. In jeder Zelle deines Körpers spürst du eine Leichtigkeit und eine Wärme aufkommen und du genießt dieses Gefühl.

3. Du bist eine Mama-Löwin! Schau dir selbst dabei zu, wie du deinen Tag mit all seinen Herausforderungen meisterst. Egal, was da heute kommen mag, du kannst und wirst alles schaffen. Spüre diesem wunderbaren Gefühl der Gewissheit nach und werde dir deiner Stärke bewusst.

4. Sprich abschließend folgenden Kraftsatz für dich in Gedanken nach: »Ich schaffe immer meinen Tag.« Du fühlst dich ausgeglichen und kraftvoll. Beende die Meditation mit einigen tiefen Atemzügen und kehre in deine Wirklichkeit zurück.

Vitalisierende Gesichtsmassage
Wohlfühlprogramm gegen Mama-Müdigkeit

Geduldig-Eifrig-Sicher-Jatkräftig-Still-
Mutig-Angenehm-Sinnlich-Schön-Aktiv-Gütig-Elegant

Die Haut ist unser größtes und vielseitigstes Organ, deshalb ist es besonders schön, mit viel Feingefühl beispielsweise das Gesicht zu massieren. Hierfür brauchst du nicht gleich zu einer Spezialistin zu gehen, obwohl das bestimmt auch ein wunderbares Erlebnis wäre. Halte es einfach und schenke dir ganz gleich wann und wo eine Do-it-yourself-Gesichtsmassage. Hier kommt die Anleitung für dein Wohlfühlprogramm gegen Mama-Müdigkeit.

So geht's

Bevor es losgeht: Trägst du eine Brille, setze sie gerne ab und lege sie beiseite. Wenn du einen Zopf trägst, kannst du diesen bei Bedarf lösen, sodass sich deine Kopfhaut entspannen kann. Wenn du möchtest, kannst du ein Öl oder auch eine Creme deiner Wahl verwenden. Lege dein Handy für einen Augenblick zur Seite oder schalte den Flugmodus ein.

Schließe deine Augen und nimm zwei bis drei tiefe Atemzüge in den Bauch hinein und schenke dir während der Gesichtsmassage ganz viel Liebe für dich selbst. Beginne mit deinen Fingerkuppen sanft auf deiner Stirn zu trommeln. Wie ein leichter, warmer Sommerregen berührst du jede Stelle deiner Stirn. Nimm dann deine Augenbrauen zwischen Daumen und Zeigefinger und knete sie von der Nase an bis zu deinen Schläfen einmal sanft durch. Du kannst diesen Schritt gerne so oft wiederholen, wie du möchtest.

117

Lege dann deine Handballen auf deine Schläfen und fange an mit leichtem Druck zu kreisen. Nimm deine Fingerkuppen mit dazu und lege sie auf der Kopfhaut auf. Löse nun die Handballen von den Schläfen und fange an, mit den Fingern deine Kopfhaut zu massieren. Du berührst hier ganz sanft jeden Zentimeter bis zu deinem Nackenanfang. Nimm die Hände dann nach vorne vor dein Gesicht und streiche mit den Fingern durch dein Haar bis zum Nackenanfang. Mache das gerne mit einem angenehmen Druck und wiederhole es, so oft du möchtest.

Jetzt nimmst du die Ohrmuschel zwischen Daumen und Zeigefinger und streichst deine Ohren und auch das Ohrläppchen sanft aus. Wiederholungen sind auch hier erwünscht.

Fasse dann mit der rechten Hand deine linke Schulter und gibt dir selbst eine angenehme Schultermassage. Wechsel anschließend die Seite.

Am Schluss nimmst du dich selbst einmal liebevoll in die Arme. Wenn du den Impuls hast, dich hin und her zu wiegen, dann gehe diesem Impuls nach. Schenke dir ein anerkennendes Lächeln. Du bist WUNDERVOLL!

Wirkung

Du kannst dir diese Mama-Gesichtsmassage jeder Zeit selbst geben, denn sie kann wahre Wunder bewirken, wenn du dich einmal müde und ausgezehrt fühlst. In der Massage kommen drei unterschiedliche Techniken zur Anwendung. Durch die Knetmassage wird dein Gewebe mit festen und druckvollen Bewegungen stimuliert.

Die kreisenden Bewegungen der Streichmassage wirken beruhigend und entspannen dich, hingegen hat die Klopfmassage eine anregende Wirkung. Die Kombination dieser unterschiedlichen Berührungen ist vitalisierend und kann dir neue Kraft und Energie spenden. Deine Durchblutung wird gefördert und Muskeln werden gelockert. Du kannst Anspannung minimieren und sogar bei Kopfschmerzen eine Linderung erfahren. Zudem wirst du merken, dass die Massage einfach super angenehm ist, du durch die Berührungen Stress herunterregulieren kannst und du dich danach fit und kraftvoll fühlst.

Warum es hilft – Expertinnen kommen zu Wort

Jule Tilgner schreibt als *Hebamme Zauberschön* auf ihrem Blog über ihren Beruf, das Mutter- und Frau-Sein und über den Start ins Leben. Müdigkeit begleitet sie sowohl im Beruf als auch in ihrem Mama-Alltag. Ihre Erfahrung hat gezeigt:

»Als Hebamme habe ich viel mit müden Eltern zu tun. Der Schlüssel zur Besserung liegt oft in der Betrachtung des Problems. Wenn Mütter es schaffen, die Müdigkeit als Teil der Lebensphase anzuerkennen und anzunehmen und all die Kämpfe (mit dem Kind zum Beispiel) und die Frage nach dem Warum aufgeben, setzt oft schlagartig eine Veränderung ein. Die Meditation und auch die Gesichtsmassage sind eine wundervolle Art, die Kämpfe und das Hadern zu beenden und das eigene Mindset zu verändern. Ich werde diese Meditation zukünftig von Herzen empfehlen.«

Anregungen für Gedanken und Notizen

Vielleicht möchtest du Erfahrungen oder Beobachtungen, aber auch Gedanken zum Thema »Müde Mamas werden munter« festhalten. Die folgenden Fragen kannst du als Impuls oder Denkanstoß nutzen.

- *Wie gehst du im Mama-Alltag mit deiner Müdigkeit um?*
- *Beobachtest du bei dir alte Glaubenssätze rund um das Thema Schlaf? Welche sind das?*
- *Was hilft dir und stärkt dich, wenn du eine kurze Nacht hinter dir hast?*

Tief verbunden und doch loslassen können – Meditation zur Bindungsstärkung

Für mich als Mama spielten schon immer die Themen »Verbindung« und »Loslassen« eine große Rolle, und ich habe besonders auf diesen Gebieten viel an mir gearbeitet. Dass diese Themen so präsent in mir sind, hat viel mit meiner ersten Schwangerschaft, aber vor allem auch mit der Geburt meines Sohnes zu tun, denn beides konnte ich nicht ganz sorgenfrei genießen. Ob bewusst oder unbewusst, in vielen Momenten stand die Angst um mein Baby im Raum. Ich glaube, meine Angst und die damit verbundene Unsicherheit haben sich in vielen Bereichen auch auf ihn übertragen. Ja, manchmal denke ich, dass Verhaltensweisen meines Sohnes genau daher kommen, dass ich mir Sorgen mache und ich ihn nicht loslassen kann. Unbewusst wollte ich ihn vor allem möglichen Unheil und auch Verletzungen schützen. Aber das geht natürlich nicht, und genau deshalb suchte ich nach Wegen, um meine Angst zu verstehen und sie nach und nach aufzulösen.

Dazu zählte auch die Rote-Band-Meditation, die ich tatsächlich über einen längeren Zeitraum täglich übte. Sie hat die Beziehung zu meinem Sohn nachhaltig verändert. Nach und nach baute ich in Gedanken eine Verbindung zwischen ihm und mir auf, die immer deutlicher spürbar wurde. Ich habe Vertrauen geschöpft, dass dieses Band, egal, was auch passieren mag, für immer bestehen bleiben wird. Als sich dieses tiefe Vertrauen in mir etabliert hatte, fiel es mir nicht mehr ganz so schwer, ihn seine eigenen Wege gehen zu lassen.

Seitdem ich die Verbindung zu ihm spüre und Vertrauen habe, hat sich nicht nur bei mir vieles verändert. Erst vor Kurzem ist er eingeschult worden, und vor einigen Monaten hatte ich tatsächlich sehr viel Sorge, wie alles werden wird. Aber durch die Meditation habe ich es geschafft, mich positiv zu polen, habe mir vorgestellt, wie er seinen Weg in der Schule geht. Ja, ich habe mir sogar ganz genau ausgemalt, wie er aus seiner allerersten Stunde aus dem Klassenzimmer herauskommt und mir mit einem überglücklichen Strahlen auf dem Gesicht freudig erzählt, wie schön es war. Ich habe die Bilder immer und immer wieder vor meinem geistigen Auge entstehen lassen und sagte ihm in Gedanken, dass unsere Verbindung bestehen bleibt und es trotzdem okay ist, wenn er seine eigenen Wege geht. Als der große Tag gekommen war, rief man alle Kinder der Reihe nach auf und sie wurden auf der Bühne von ihren Klassenlehrerinnen empfangen. Er hatte Probleme, vor all den Menschen zu seinen neuen Klassenkameraden hinaufzugehen. Ich habe ihn an die Hand genommen, nach oben und dann auch bis zur Klassentür begleitet. Ich war die einzige Mutter auf der Bühne und auch die einzige Mutter, die mit zum Klassenzimmer gegangen ist. Aber ich habe ihn in diesem Moment nicht allein gelassen, weil ich gespürt habe, dass er meine Unterstützung braucht. An der Tür angekommen, konnte er sich dann von mir lösen und ging die ersten Schritte in seinen neuen Lebensabschnitt ohne mich. Diese 45 Minuten der ersten Stunde werde ich nie vergessen, sie verstrichen schleichend, und es kam mir wie eine Ewigkeit vor, bis sich die Klassenzimmertür wieder öffnete. Er kam freudestrahlend auf mich zugelaufen und fiel mir in die Arme. Dann erzählte und erzählte er, was er erlebt hatte, und ich merkte, dass alles gut und genau so war, wie es sein sollte. Verbunden im Herzen und trotzdem oder gerade deswegen kann er nun mit großen Schritten vorangehen. Denn auch er weiß um meine bedingungslose Liebe und die Wurzeln, die immer da sein werden!

Was Mamas dazu sagen

»Ich möchte, dass meine Kinder selbstständig und selbstbewusst ins Leben gehen können. Und deshalb versuche ich, beiden so viel Vertrauen wie nur irgendwie möglich entgegenzubringen. Mir fällt es leicht, sie Dinge ausprobieren zu lassen, ohne ständig hinter ihnen herzurennen oder sie vor jedem noch so kleinen ›Unglück‹ zu bewahren. Was mir noch nicht so leicht fällt, ist, beide bei anderen zu lassen – die Kita-Eingewöhnung wird zum Beispiel bestimmt nicht leicht.«
Linda (38), Mama von zwei Kindern (6 Monate und 3 Jahre)

»Ich versuche, meine Kinder viele Dinge allein ausprobieren zu lassen, damit sie auch ein gutes Gefühl für ihre Selbstwirksamkeit und dadurch Mut und Lust bekommen, eigene Wege zu gehen. Sie wissen, dass ich für sie da bin. Unsere Kinder haben eine enge Bindung zu mir. Das eigenständige Lösen von mir fällt ihnen teilweise schwer. Früher war ich da verbissener. Heute nehme ich sie so lange auf den Schoß, wie sie möchten, und ermutige sie nur so sehr, wie es passt.«
Johanna (34), Mama von zwei Kindern (2 und 5 Jahre)

Rote-Band-Meditation

Dauer: 15–20 Minuten

Die Rote-Band-Meditation lässt dich den Weg Revue passieren, den du mit deinem Kind schon gegangen bist. Dabei kannst du zurückblicken auf die Schwangerschaft, die Geburt und die erste gemeinsame Zeit. Die Meditation stärkt deine Rolle als Mama und die Bindung zu deinem Kind. Das rote Band schenkt dir Vertrauen und Sicherheit, um loslassen zu können.

Vielleicht möchtest du auch einmal deine Kinder rote Fäden spannen lassen. Dabei hast du die Möglichkeit, sie an der Meditation zu beteiligen, oder du sprichst mit ihnen über das Thema. Es kann Erstaunliches ans Licht kommen, denn mit wem oder auch mit was sie sich im Herzen verbunden fühlen, ist oftmals ganz wunderbar und für uns Erwachsene durchaus überraschend. Vielleicht tust du es ihnen gleich und wandelst die Meditation für dich um und spannst ebenfalls nicht nur zu deinem Kind Fäden, sondern auch zu anderen Menschen oder Dingen, die dir im Leben wichtig sind. Sei kreativ, lass dich überraschen und probiere verschiedene Varianten für dich aus.

Erinnere dich einmal an deine Schwangerschaft zurück. Mit all ihren Höhen und Tiefen hast du deinem Kind die geschützte Umgebung in deinem Bauch gegeben, die es brauchte, um sich gut entwickeln zu können. Gemeinsam habt ihr euch auf den Weg gemacht und habt die Geburt zusammen gemeistert. Lass all die schönen Momente der Schwangerschaft, der Geburt und der ersten Zeit mit deinem Kind noch einmal vor deinem inneren Auge vorbeiziehen. Nimm dir dafür einen Augenblick lang Zeit und genieße die aufkommenden Erinnerungen.

Nun ist dein Kind bereits auf der Welt und du hast ihm beim Wachsen zugesehen. Du bist dabei gewesen, als es das erste Mal gelacht und den ersten Zahn bekommen hat. Du konntest zusehen, als es die ersten Schritte in seinem Leben gegangen ist, und hast es aufgefangen, wenn es fiel. Du hast miterlebt, wie es seine ersten Worte gesagt hat. Du bist diejenige gewesen, die es gepflegt hat, wenn es einmal krank gewesen ist, und du hast es getröstet, wenn es Kummer und Sorgen hatte. All die Meilensteine bist du mit ihm gemeinsam gegangen.

Vielleicht hast du manchmal das Gefühl, dass die Zeit in Siebenmeilenstiefeln an euch vorüberzieht. Wie ein Film, bei dem man vergessen hat, die Pausentaste einzubauen. Nun ist dein Kind in so vielen Bereichen schon selbstständig und hat seine eigene Persönlichkeit. Vielleicht fällt es dir in vielen Situationen schwer, loszulassen, es die Wege gehen zu lassen, die es gehen will und auch muss. Auch ohne dich.

Vielleicht möchtest du die Verbindung zwischen dir und deinem Kind einmal ganz bewusst stärken. Spüre dafür einen Moment lang zu deinem Herzen hin. Du nimmst wahr, wie es rhythmisch und kräftig in deiner Brust schlägt. Nun kannst du dir das Herz deines Kindes einmal vorstellen. Es schlägt genau wie deines rhythmisch und kräftig. Du kannst dir in Gedanken ausmalen, dass eure beiden Herzen durch ein rotes, sanftes Band miteinander verbunden sind. Ein wunderbar weiches Band, gespannt zwischen euren Herzen. Ist diese Verbindung nicht eine ganz wunderbare Vorstellung?

Durch das Band zwischen euch kannst du deinem Kind ganz nah sein und die Verbindung intensiv spüren. Vielleicht nimmst du ein erleichterndes Gefühl und ein Gefühl der Sicherheit wahr. Schicke deinem Kind über diese Verbindung all das, was du ihm geben möchtest. Vielleicht ist es deine Liebe, dein Vertrauen, dein Mitgefühl, dein Verständnis, deine Wärme, Nähe und deine Fürsorge. Über euer rotes Band kannst du, wann immer dir danach ist, mit ihm im Austausch sein. Lasse dir hierfür einen Augenblick lang Zeit und genieße diese intensive Zweisamkeit.

Doch schau einen Augenblick genau hin. Dieses rote, sanfte Band ist kein starres Gebilde, sondern beweglich und flexibel. Aber trotzdem ist es permanent und stark und immer da. So kannst du das Band, je älter dein Kind wird, je mehr es auf eigenen Beinen steht und seine Welt erkundet, lockerer werden lassen. Lass einmal ganz bewusst zu, dass es sich verändern kann, sich verändern darf. Stell dir dafür das rote Band noch einmal ganz genau vor. Lass es sich lösen und spüre beim Loslassen trotzdem die Verbindung, die es zwischen dir und deinem Kind immer noch gibt und immer geben wird. Das Band, das ihr in deiner Schwangerschaft und unter der Geburt geknüpft habt, ist immer noch da. Egal, was auch passiert, es wird nie durchtrennt werden.

Sei ganz sorgenfrei und vertraue darauf, dass ihr immer miteinander verbunden bleibt. Wann immer du möchtest, kannst du zu eurem roten Band zurückkehren. Du kannst es stärken, loslassen oder einfach nur die Verbindung zwischen dir und deinem Kind spüren. Verweile noch einen Augenblick lang bei dieser beruhigenden und schönen Vorstellung eures roten Bandes.

Minimeditation in a Box

Dauer: 5 Minuten

1. Nimm für die Übung eine möglichst stabile Meditationshaltung ein. Schließe die Augen, atme tief ein und lass deinen Atem dann wieder aus dir herausströmen.

2. Spüre zu deinem Herzen und stelle dir dann das kräftig schlagende Herz deines Kindes vor. Eure Herzen sind durch ein rotes Band miteinander verknüpft. Ganz egal, was auch passieren mag, du weißt, dass euer Herzensband immer bestehen wird und niemals reißt. Spüre die Verbundenheit zwischen euch und gib auch dem Gefühl der Sicherheit viel Raum.

3. Betrachte euer Band, das sich zwischen euren Herzen spannt. Ist es fest, starr und in gewisser Weise einengend? Dann richte deine Aufmerksamkeit auf deinen Atem. Sieh nur, mit jedem Atemzug wird euer Verbindungsband ein wenig lockerer, flexibler und ist trotzdem noch verlässlich da. Du kannst dein Kind beruhigt loslassen. Mit dir als verlässliche und freiheitsschenkende Weggefährtin an seiner Seite wird es seinen Weg gehen. Finde den Ort in deinem Körper, in dem du eure Verbindung deutlich spüren kannst und lass das Gefühl mit jedem Atemzug größer werden.

4. Nimm die Erkenntnis der festen Bindung zwischen dir und deinem Kind aus der Meditation mit in deinen Mama-Alltag. Atme abschließend tief ein und wieder aus, öffne sanft deine Augen und lasse den Blick langsam klar werden.

Der Schmetterling
Eine Mama-Kind-Yogaübung

Schmusig-**M**iteinander-**E**inig-**T**ief-**T**raumhaft-**E**infach-**R**uhig-
Liebhabend-**I**ntuitiv-**N**ahe-**G**enüsslich

Hautnah und gemeinsam kannst du mit deinem Kind die Verbindung zwischen euch entstehen lassen und ins Spüren kommen. Die Yogaübung mit dem Namen »der Schmetterling« zeigt dir, wie einfach und gleichzeitig wunderschön es sein kann, zusammen auf eine »Verbindungsreise« zu gehen.

So geht´s

Du setzt dich zuerst auf den Boden und bringst deine Fußsohlen aneinander, wobei deine Beine und Knie ganz locker und entspannt nach außen fallen dürfen. Deine Beine bilden nun eine Art runden und geschützten Rahmen, in den sich dein Kind bequem hineinsetzen kann. Genau wie du bringt es hier sitzend ebenfalls die Fußsohlen aneinander. Gemeinsam macht ihr euch nun einmal ganz klein, indem ihr die Knie zueinander zieht und sie umarmt. Ihr seid nun ein kleiner Kokon. Eng umschlungen und euch Wärme gebend, könnt ihr euch in dieser Position einmal ganz viel Zeit zum Liebhaben nehmen.

Nun öffnet sich dieser kleine Kokon, und aus ihm heraus schlüpft ein wunderschöner Schmetterling mit grazilen Flügeln. Ihr wiegt euch sachte hin und her und erlebt gemeinsam, wie es ist, ein Schmetterling zu sein.

Nun haltet ihr in der Mitte inne. Bringt eure Fußsohlen wie in der ursprünglichen Position aneinander und beginnt gemeinsam, acht-

sam und langsam mit den Beinen zu wippen, als wenn
ihr eure Flügel bewegt und davonfliegen möchtet. Auf und ab. Auf und Ab. Dabei bestimmt
ihr euer Tempo. Wie fühlt es sich an, wenn ihr
eure Beine im gleichen Flügelrhythmus bewegt? Wie hoch hinaus könnt ihr zusammen
fliegen? Gemeinsam in der Luft zu schweben ist wunderschön, ihr seid verbunden,
könnt eine grüne Wiese mit vielen Blumen unter euch sehen, und über
euch liegt der klare, blaue Himmel.
Atmet gemeinsam ein und aus und
genießt dieses Band, das hier zusammen
mit eurer Bewegung entsteht. Fliegt gemeinsam, so lange ihr mögt.

Wirkung

Der Schmetterling ist ein wunderbarer Hüft- und Beckenöffner. Er wirkt
hervorragend bei aufkommender Mama-Müdigkeit, und man fühlt sich
nach dem Praktizieren erfrischt und munter. Wenn du gemeinsam mit
deinem Kind übst, dann könnt ihr eure Verbindung spüren. Die Position
lädt förmlich dazu ein, sich ganz nah zu sein und wirkt so stärkend auf
eure Beziehung.

Warum es hilft – Expertinnen kommen zu Wort

Auch Katharina Rainer-Trawöger übt mit ihren Kindern gemeinsam den
Schmetterling. Sie ist Inhaberin des *Freiraum-Instituts* in Wien, Yogalehrerin, Autorin von *Yoga für Schwangere* und beschreibt euch zusätzlich
eine kleine Variation, die ihr ausprobieren könnt, wenn ihr schon etwas

geübtere Yogis seid. Katharina weiß, wie gut es tut, dieses gemeinsame Band zu spüren, das zusammen mit der tiefen Atmung entsteht.

Genießt auch ihr den Moment der Zweisamkeit und das gemeinsame Erlebnis. »Wenn ihr schon ein klein wenig Erfahrung im Yoga habt, könnt ihr den Schmetterling und die gemeinsame Bewegung vertiefen: Mit der Einatmung öffnet ihr eure Arme ganz weit und mit einer noch tieferen Ausatmung schließt ihr die Arme um euch, somit umarmt ihr den kleinsten Schmetterling ganz fest. Wiegt euch hier ein klein wenig hin und her. Mit der nächsten Einatmung werden die Arme wieder geöffnet und mit der Ausatmung wieder fest gekuschelt. Wiederholt die Übung, so oft ihr möchtet.«

Anregungen für Gedanken und Notizen

Vielleicht möchtest du Erfahrungen oder Beobachtungen, aber auch Gedanken zum Thema »Tief verbunden und doch loslassen können« festhalten. Die folgenden Fragen kannst du als Impuls oder Denkanstoß nutzen.

- *Fühlst du dich mit deinem Kind gut verbunden? Konntest du durch die Meditation eure Verbindung wahrnehmen und stärken?*
- *Was hilft dir dabei, dein Kind loszulassen und es seine eigenen Wege gehen zu lassen?*

Mini meditiert –
Fantasiereise für dein Kind

Mit Kindern auf Fantasiereise zu gehen, ist etwas ganz Besonderes. Natürlich kannst du dir die Frage stellen: Warum soll ich mit meinem Kind meditieren? Ist das nicht etwas verrückt? Doch schaut man sich unsere schnelllebige und leistungsorientierte Gesellschaft an, wird schnell klar, dass schon die Kleinsten mit Stress, Druck und Hektik aufwachsen. Was kann man also konkret tun, um diesem Hamsterrad entgegenzuwirken? Bereits mit vier Jahren sind Kinder in der Lage, durch ihre Fantasie Körperteile scheinbar schwerer werden zu lassen und dies auch bewusst wahrzunehmen. Zwei Jahre später können sie Sätze wie »Mein Atem geht ganz ruhig« selbstständig anwenden und sich so aktiv entspannen. Meditation kann also schon in sehr frühen Jahren ein wertvolles Werkzeug sein und Kindern beispielsweise helfen, ihre Gefühle besser zu verstehen und diese auch zu artikulieren. In herausfordernden Situationen bietet es ihnen eine Möglichkeit, besser und gelassener damit umgehen zu können. Meditation fördert zudem die Konzentrationsfähigkeit und die Entwicklung von Empathie.

Ich merke immer wieder, dass es in unserem Tagesablauf den entscheidenden Wendepunkt bringen kann. Wenn wir alle von einem anstrengenden Morgen in Kita, Schule oder Arbeitsstelle nach Hause kommen, dann ist eine Fantasiereise genau das Richtige, um den Orts-, Menschen- und Gefühlswechsel zu verarbeiten und wirklich anzukommen. Wir stimmen uns dann auf einen gemeinsamen Nachmittag ein und kommen erst einmal zur Ruhe. Ich beobachte an mir und an meinen Kindern, wie die Gereiztheit einer Ausgeglichenheit weicht, die es uns ermöglicht, unser Nachmittagsprogramm gut zu meistern.

Vielleicht ist es am Anfang ungewohnt, aber es kann, gleich dem Vorlesen, ein schönes Ritual werden. Zusammenzukommen, es sich richtig gemütlich zu machen, sei es auf dem Sofa, im Bett oder in einer liebevoll eingerichteten Kuschelecke, die Fantasiereise ist bei uns eine echte Mama-Kind-Zeit, um wieder aufzuladen. Dabei erleben meine Jungs immer ganz erstaunliche Abenteurer. Wenn sie dann berichten, ist es wahnsinnig schön, ihnen zuzuhören, und oft fühlt es sich für mich so an, als sei ich tatsächlich in ihren Gedanken mitgereist. Ihrer Fantasie sind keine Grenzen gesetzt, und manchmal greife ich in der nächsten Fantasiereise, die wir zusammen machen, ihre Bilder und Ideen wieder auf. So wird das Erlebte noch mehr zu ihrer ganz eigenen Geschichte und entwickelt sich immer weiter. Wenn die Jungs Lust haben, malen wir auch gemeinsam ein Bild und halten ihre Reise so für die Ewigkeit fest. Wenn ich sie dann zu ihrem Kunstwerk frage: »Erzählst du mir deine Geschichte dazu?«, dann purzeln die Worte nur so aus ihnen heraus. Sie werden selbst zu Geschichtenerzählern, und ich werde zu ihrer Pinselführerin.

Wertschätzen, gemeinsam erleben, das geht alles zu Hause, denn man kann immer in seiner Fantasie auf Reisen gehen und sein ganz eigenes Abenteuerland kreieren. Dabei ist der erste Schritt schon die größte Überwindung, die man leisten muss. Denn oftmals findet man eine gute Ausrede, warum ausgerechnet heute nicht der Tag ist, es einmal auszuprobieren. Aus einem Vorhaben wird ein Projekt, das man vielleicht nie umsetzt. Wenn es dir genauso geht, dann ist heute der richtige Zeitpunkt! Hol dir dein Kind und geht gemeinsam auf eure ganz eigene Entdeckungstour.

Fantasiereise für dein Kind

Dauer: 10 Minuten

Diese Meditation ist etwas ganz Besonderes, denn sie ist für dein Kind. Du kannst es entweder auf deinen Schoß setzen und ihr erlebt gemeinsam die Fantasiereise, oder aber es legt sich ganz entspannt auf eine bequeme Unterlage. Dein Kind reist in seiner Fantasie zum Meer und stellt sich vor, wie es wäre, ein Vogel zu sein. Schwerelos und unbeschwert erkundet es seine Welt von oben und weiß aber zugleich, dass es bei seinen neuen Erfahrungen, die es macht, ganz in Sicherheit ist. Bevor du anfängst, deinem Kind die Fantasiereise vorzulesen, besprich kurz mit ihm, was es erleben wird, und hole dir sein Einverständnis, dass es wie ein Vogel durch die Luft gleiten möchte, ein.

Lege einmal deine Hände auf deinen Bauch und spüre, wie er sich beim Einatmen aufbläst wie ein Luftballon und wie er beim Ausatmen wieder kleiner wird. Beobachte deinen Atem und die Bewegung, die dein Bauch dabei macht.

Stell dir vor, du bist an einem wunderschönen Ort am Meer. Die Sonne scheint angenehm warm und du kannst den weichen Sand unter deinen Füßen spüren. Du hörst, wie die Wellen an den Strand plätschern, und du siehst all die Farben um dich herum. Das Blau des Meeres, das bis weit zum Horizont reicht, den Himmel und die kleinen weißen Wölkchen dort oben. Und auf einmal bekommst du vielleicht Lust, dir alles einmal aus der Luft anzusehen. Du stellst dir vor, wie es wäre, wenn du für einen Augenblick ein Vogel wärst und fliegen könntest. Was für ein Vogel möchtest du sein? Bist du ein kräftiger Seeadler, eine flinke Küstenseeschwalbe oder aber eine wunderschöne Möwe?

Schau, du hast auf einmal Flügel, die mit weichen Federn bedeckt sind und die dich tragen können. Sofort möchtest du sie ausprobieren und fängst an, sanft mit ihnen zu schlagen. Und dabei erlebst du, wie du allmählich abhebst und dich in die Lüfte schwingst. Erst ganz langsam und zaghaft, aber du merkst sofort, dass dich deine Flügel tragen und du wirst immer mutiger. Mit festem und starkem Flügelschlag gewinnst du an Höhe. Was für ein atemberaubendes Gefühl. Du fühlst dich ganz leicht, spürst den sanften Wind um dich herum und du merkst die Sicherheit hier oben in der Luft.

Nun schaust du dich im Flug um und bist begeistert, was du von hier oben alles sehen kannst. Sieh nur, das Meer und die Wellen. Der Strand mit den Muscheln und dort hinten stehen viele Strandkörbe. Sieh nur, da ist auch deine Familie. Du kannst Mama und

Papa von hier oben sehen. Sie winken dir von unten ausgelassen und fröhlich zu. Du siehst ihre glücklichen Gesichter und du weißt, dass du dich trauen kannst, noch eine Runde zu fliegen.

Du genießt deinen Flug und mit kräftigen Flügelschlägen fliegst du nun über das weite, blaue Meer. Je weiter du fliegst, desto kleiner werden Mama und Papa, aber du kannst sie immer noch am Strand stehen sehen. Ganz beruhigt fliegst du weiter und entdeckst unter dir ein Boot, das sachte in den Wellen schaukelt. Du lässt deinen Blick weiter über das Meer wandern und entdeckst einen Seehundkopf, der interessiert aus dem Wasser schaut. Du beobachtest ihn, wie er zu einer nahen Sandbank schwimmt, die sich nun direkt vor dir erstreckt. Du kannst sehen, wie er aus dem Wasser auftaucht und an Land robbt. Was für ein Erlebnis! Anscheinend möchte er sich ein wenig von seinem Tauchgang ausruhen.

Nun merkst auch du, dass du allmählich ein bisschen müde wirst. Du beschließt, zurück zu deinem Strand und deiner Familie zu fliegen. Mit ausgebreiteten Flügeln lässt du dich vom Wind tragen. Du musst dich gar nicht mehr anstrengen, du segelst schwerelos über das Wasser, bis du deinen Strand erreicht hast. Leicht lässt du dich nach unten gleiten und landest ganz sanft auf dem weichen Sand. Oh, wie viel Freude du gerade beim Fliegen gehabt hast! Überglücklich läufst du in die ausgebreiteten Arme von Mama und Papa und wirst herzlich von ihnen umschlossen. Du hattest deinen perfekten Flug und deinen schönsten Tag am Strand.

Minimeditation in a Box

Dauer: 5 Minuten

1. Suche dir zusammen mit deinem Kind eine ganz bequeme Position entweder im Sitzen oder auch im Liegen. Beobachtet für einen Moment lang euren gleichmäßig fließenden Atem.

2. Lade dein Kind ein, sich Folgendes vorzustellen: Du bist am Meer. Siehst du den Strand, das Wasser, den Horizont? Fühlst du die leichte Meeresbrise auf der Haut und den weichen, warmen Sand unter deinen Füßen? Nimm alles ganz genau wahr!

3. Stell dir nun vor, du bist ein Vogel und kannst tatsächlich fliegen. Du hebst einfach ab und gleitest stolz in der Luft. Nun kannst du deine wunderbare Strandlandschaft von oben betrachten. Ganz leicht ist dein Flug und du fühlst dich sicher. Schau, was du alles von hier oben entdecken kannst. Genieße deinen Flug.

4. Nun fliegst du mit kräftigem Flügelschlag zurück und landest sachte wieder auf deinem Strand. Atme noch einmal die Meeresluft ein und öffne dann langsam wieder deine Augen.

Katzenwäsche

Einfach glücklich durch Berührung

Kostbar-**A**nschmiegsam-**T**raumhaft-**Z**ärtlich-**E**rgreifend-**N**atürlich-
Wärmend-**Sch**ön-**E**infühlsam

Es gibt nichts Schöneres, als berührt und gestreichelt zu werden. Selbst wenn man traurig ist, hilft eine tröstende Umarmung oftmals mehr als tausend Worte. Wir suchen die Berührung von anderen Menschen, denn Berührungen machen uns glücklich und sorgen dafür, dass wir uns zu Hause und geborgen fühlen. Mit der Katzenwäsche kommst du deinem Kind durch Berührung einmal ganz nah. Es kann wie ein magischer Moment für euch sein, den ihr beide in gleichem Maße genießt.

Die Katzenwäsche ist eine Geschichte, deren Worte mit massierenden Handbewegungen direkt von deinem Kind erlebt und somit gefühlt werden können. Text und Handbewegungen sind einfach und schnell zu lernen, und du wirst merken, dass du mit jedem Mal mehr Sicherheit in der Durchführung bekommst. Durch deine eigenen Abwandlungen und Ausschmückungen wird eure Katzenwäsche noch authentischer. Denke daran, dass deinem Kind eigentlich fast gleichgültig ist, welche Geschichte du erzählst. Es wird die Massage in jedem Fall katzig genießen und fängt vielleicht sogar dabei an zu schnurren.

So geht's

Dein Mini setzt sich aufrecht vor dich oder lässt den Oberkörper im Schneider- oder auch Fersensitz nach vorne Richtung Boden sinken. Es kann auch wunderschön entspannend sein, wenn dein Kind sich über deinen Schoß legt und so ganz nah bei dir ist. Gib den Hinweis, dass es nun gerne die Augen schließen darf, und du beginnst, die Geschichte zu erzählen.

Die kleine Katze Mika möchte gerne zum Spielplatz. Sie läuft von zu Hause los. Erst mit ganz kleinen Trippelschritten, dann wird sie immer schneller und schneller. *Du fängst am unteren Rücken deines Kindes an, mit den Fingerspitzen loszulaufen. Erst ganz langsam und fein, dann etwas schneller bis zu den Schultern. Wenn der Weg etwas länger ist, dann wiederhole diesen Schritt gerne noch einmal.*

Jetzt ist Mika endlich da. Er schaut sich auf dem Spielplatz um und entdeckt eine große, lange Rutsche. »Wie aufregend«, denkt sich Mika und beschließt, die Rutsche gleich auszuprobieren. *Du streichst mit den gesamten Handflächen über den Rücken und läufst dann mit den Fingerspitzen zum unteren Rücken, denn hier beginnt die Rutsche.*

Er klettert die Leiter der Rutsche Sprosse für Sprosse bis ganz nach oben hinauf. *Du nimmst ein wenig Haut zwischen Daumen und Zeigefinger, als ob du ganz leicht kneifen würdest, und erklimmst so Sprosse für Sprosse der Rutsche vom unteren Rücken bis zum Halsanfang. Von hier streichst du bis zum Scheitel deines Kindes.*

Puh, endlich ist Mika oben und schaut sich um. Wie schön die Aussicht von hier oben doch ist. *Streiche ganz sanft mit der gesamten Hand über den oberen Kopf deines Kindes.*

Dann beschließt Mika die Rutsche hinunterzurutschen. *Du streichst schnell mit beiden Handflächen vom Kopf über den Rücken.*

Nun kannst du dein Kind fragen: »Möchte Mika noch einmal rutschen?«, bei Bedarf kannst du Mika die Rutsche noch einmal hinaufklettern lassen. Auf einmal fängt es an zu regnen. Erst kleine Tropfen, dann werden es immer mehr. *Durch leichtes Klopfen lässt du zuerst nur mit den Zeigefingern Regentropfen auf dem Rücken entstehen, dann mit allen zehn Fingerspitzen.*

Das Katzenkind freut sich, denn überall auf dem Spielplatz entstehen kleine Schlammpfützen. Mika fängt an, in die Schlammpfützen hineinzuspringen und wälzt sich freudig hin und her, bis er über und über mit Schlamm bedeckt ist. Das sieht vielleicht lustig aus! Ein kleines, schlammiges Katzenkind. *Du streichst mit den Händen über den Rücken und wechselst dabei zwischen Handflächen und Handrücken hin und her.*

Nun hat Mika aber genug, und er läuft mit schnellen Katzenschritten bis nach Hause zurück. *Du kannst wieder mit den Fingerkuppen über den Rücken laufen.*

Mama Katze wartet schon auf ihn. Bald hat sie den kleinen, schlammigen Mika entdeckt und ruft lachend: »Mika, du siehst aus, als hättest du Spaß auf dem Spielplatz gehabt. Komm, wir machen dich ein wenig sauber.«

Mama Katze holt den Gartenschlauch und spritzt Mika von oben bis unten gründlich mit Wasser ab. *Hier streichst du mit der ganzen Hand langsam über den ganzen Rücken und den Kopf deines Kindes. Dabei kannst du ein Geräusch wie von fließendem Wasser machen.*

Dann nimmt Mama Katze die Seife zur Hand und schäumt Mika von oben bis unten das flauschige Fell ein. *Mach nun kreisende Bewegungen mit deinen Fingerkuppen über den ganzen Rücken und den Kopf deines Kindes.*

Danach wird Mika mit warmem Wasser abgebraust. *Du streichst noch einmal mit der ganzen Hand langsam über den ganzen Rücken und den Kopf deines Kindes.*

Danach wickelt Mama Katze Mika schnell in ein weiches Handtuch ein und rubbelt ihn trocken. *Mit einem etwas kräftigeren Druck rubbelst du über den Rücken.*

Sanft streicht Mama Katze Mika über das Fell und sagt: »Ich hab dich lieb, mein kleiner Schatz.« *Streiche noch einmal ganz sanft über den ganzen Rücken und den Kopf und gib deinem Mini am Schluss noch einen Kuss.*

Wirkung

Berührungen machen glücklich, denn die Sinneszellen auf der Haut geben diese Stimulation über Nervenbahnen in Sekundenschnelle an unser Gehirn weiter. Das führt dazu, dass eine Menge an Glückshormonen im Körper ausgeschüttet werden. Das Kuschelhormon Oxytocin wird so produziert und sorgt dafür, dass sich der Pulsschlag deines Kindes reduziert. Hat dein Kind also eine stressige Situation erlebt, oder aber du möchtest ein Ritual für das Zu-Bett-Bringen einführen, dann kann die Katzenwäsche deinem Kind helfen, zur Ruhe zu kommen. Oxytocin sorgt aber auch dafür, dass wir lieben und vertrauen können, und so wirkt die Massage auch in diesem Bereich stärkend auf dein Kind. Diese positiven Auswirkungen können ebenfalls das Immunsystem unterstützen, denn wer regelmäßig berührt wird, hat automatisch weniger Stresshormone im Körper und das ist förderlich für die Gesundheit. Ganz klar, durch die Berührungen hast du auch eine enge Verbindung zu deinem Kind. So kannst du auch euer Vertrauen und Verhältnis zueinander stärken. Deshalb genießen Kinder die Katzenwäsche und verharren meistens regungslos während der Massage.

Warum es hilft – Expertinnen kommen zu Wort

Wenn man einmal zum Thema Kinderyoga recherchiert, dann kommt man an Andrea Helten, auch »Rocky« genannt, nicht vorbei. Die Mama einer dreizehnjährigen Tochter hat das Buch *Yoga für dich und dein Kind* geschrieben und steht für modernen, frischen und kreativen Kinderyoga, weil genau das eben »rockt«. Dabei hat sie selbst erfahren, wie unterstützend und beruhigend Massagen und damit Berührungen auf Kinder und natürlich auch auf ihre Tochter wirken.

»Als Yogalehrerin für Kinder und Familien sind kinderaffine Meditationen und liebevolle Massagen natürlich auch gelebter Teil unseres Mama-Tochter-Alltags, ob abends im Bett, um zur Ruhe zu kommen, oder vor

Klassenarbeiten. Ich finde, dass Massagen das Tor zur Verbindung sind. Durch Berührung schwingen wir uns auf den anderen und sein schönes Herz ein. Oft lege ich selbst meinem Teenie abends kleine Steine auf den Rücken. Sie dankt es mir mit einer Hand- oder Fußmassage, die sie in unseren Eltern-Kind-Yoga-Workshops gelernt hat. »Einfach wunderbar!«, sagt die in Berlin lebende Mama. Ein Grund mehr, um es einmal auszuprobieren!

Anregungen für Gedanken und Notizen

Vielleicht möchtest du Erfahrungen oder Beobachtungen, aber auch Gedanken zum Thema »Mini meditiert« festhalten. Die folgenden Fragen kannst du als Impuls oder Denkanstoß nutzen.

- *Welche Erfahrungen hat dein Kind bei der Meditation gemacht?*
- *Welche Stimmung hast du wahrgenommen, während du die Meditation angeleitet hast? Ist dein Kind zur Ruhe gekommen?*
- *Welche Reaktion hat dein Kind bei der Katzenwäsche gezeigt? Gab es etwas, was es gesagt hat, das du festhalten möchtest?*

Paar sein und bleiben – Meditation zur Stärkung eurer Beziehung

Es stellt eine große Herausforderung dar, wenn man gemeinsam mit seinem Partner oder seiner Partnerin Kinder bekommt. Nichts ist danach so, wie es vorher war. Die Rollen verändern sich mit der Geburt des Babys, und auch ich habe hier wohl die größte Umbruchsphase meines Lebens erlebt: von der Frau zur Mutter – was für eine irre Transformation! Nicht zuletzt sagt man, dass man mit seinem Baby auch selbst noch einmal neu geboren wird. Auf einmal ist da diese Verantwortung für das kleine Lebewesen, und Prioritäten ändern sich schlagartig. Auch der eigene Körper hat sich direkt nach der Geburt für mich erst einmal fremd angefühlt. Die Anstrengungen der Geburt, das Stillen, der Schlafmangel – all das hat dazu geführt, dass ich versucht war, nur das Leben als Mama gut zu meistern.

Dass Kinder automatisch bedeuten, sich als Paar neu definieren und finden zu müssen, war mir in diesem Ausmaß nicht klar gewesen. Von heute auf morgen keine oder nur auf gewisse Fenster begrenzte Zeit füreinander zu haben, war eine extreme Umstellung. Später, als die Kinder größer wurden und uns das Alltags- und Berufsleben einholte, fragte ich mich immer häufiger: Was bleibt eigentlich für uns als Mann und Frau? An manchen Abenden erschien es mir sogar schon als unlösbare Aufgabe, wenigstens noch kurz zu besprechen, wer am nächsten Tag die Kinder von der Kita und Schule abholt und ob die Arztrechnung schon bezahlt ist. Die gemeinsamen Gespräche waren eher von organisatorischen Dingen geprägt, statt wie früher ein reger Austausch über Themen zu sein, die einen gerade beschäftigten. Auch körperliche Zärtlichkeiten wurden seltener, und schnell befanden wir uns in einem aus Routinen bestehenden Alltagskarussell, das sich jeden Tag aufs Neue zu drehen begann. Immer in dieselbe Richtung, immer mit derselben Geschwindigkeit.

Was gab es für Auswege? Sich darüber bewusst zu werden und in den Austausch über die nicht zufriedenstellende Situation zu gehen, ist ein Schritt aufeinander zu. So überlegten wir zum Beispiel gemeinsam, was wir anders machen können. Das, was uns in den Sinn kam, waren Kleinigkeiten mit großer Wirkung. Sich zum Beispiel morgens in den Arm zu nehmen und den Tag mit einem zärtlichen, liebvollen Körperkontakt zu beginnen, hat für mich schon eine Menge ausgemacht. Wir stellten fest, dass uns die gegenseitige Wertschätzung manchmal abhandenkam. Wenn es im Alltag stressig wird, neige ich sehr gerne dazu, nur den von mir abgearbeiteten Anteil zu sehen, wobei mir dieser wie ein übergroßer Löwenanteil vorkommt. Dann ist bereits das Gedankenkarussell bei mir angelaufen: »Warum wäscht er nicht mal die Wäsche? Er MUSS doch sehen, dass der Behälter schon seit Tagen dabei ist überzuquellen!« Ich verweile dann gerne in einer Abwartehaltung, die allerdings noch nie etwas gebracht hat. So habe ich mir irgendwann angewöhnt, meinem Mann kurz zu sagen, wann und wo er mich unterstützen kann. Das Erstaunliche daran ist, dass dieser kleine Hinweis ausreicht, damit es läuft. Er ist zufrieden, weil er mir helfen kann, und ich bin zufrieden, weil er mir tatsächlich oftmals sofort unter die Arme greift und ich mich dadurch nicht mehr alleingelassen fühle.

Dazu gehört auch, dass ich ab und an den Blick über meinen eigenen Tellerrand wage und mich in meinen Partner hineinversetze. Die Perspektive zu wechseln, verändert oft meine Wahrnehmung. Ja, auch mein Partner erledigt so viele Dinge am Tag. Nur sehe ich das? Habe ich wertschätzende Worte für ihn? Ein »Danke, ich sehe, was du alles machst« kann oft Wunder bewirken. Ich habe für mich erkannt, dass einander zu sehen und Wertschätzung zu zeigen, viel im Miteinander verändert. Diese Haltung ist wie Balsam für die Seele und für uns als Paar unglaublich wichtig.

Den eigenen Körper nach der Geburt neu kennenzulernen, die Veränderungen anzunehmen und sich dem Partner auch wieder zu öffnen, war für mich ein langer Weg. Wieder Lust zu empfinden und zu akzeptieren, dass Sex sich verändert und verändern darf, beschäftigte mich in Gedanken sehr oft. Gerade bei diesem Thema kam ich oft ins Vergleichen und Bewerten. Wie oft hatten wir Sex, bevor die Kinder da waren? Warum ist es heute so ganz anders als damals? Warum werden andere Paare so viel öfter miteinander intim als wir? Stimmt bei uns vielleicht irgendetwas nicht mehr?

Sich gemeinsam neu zu entdecken und sich als Paar dafür Zeit zu lassen, bedeutet Auseinandersetzung mit dem Thema, und das fällt mir oft nicht leicht. Es hat eine Weile gedauert, um anzuerkennen, dass sich unsere Sexualität verändert hat und dass es okay ist. Ja, wir haben heute weniger Sex miteinander. Und ja, ich habe gebraucht, um wieder Lust zu empfinden, aber das ist in Ordnung so.

18 Jahre gehen wir nun gemeinsam durchs Leben, und an dieser Stelle ist der Weg noch lange nicht zu Ende. Mein Wunsch ist es, einfach offen zu bleiben und im Austausch darüber zu sein. Denn nichts ist schlimmer als Schweigen und ein damit einhergehender Stillstand, der zu Resignation führen kann.

»Das, was hilft, sind Achtsamkeit, Ehrlichkeit und Respekt für das Gegenüber. Offen miteinander zu reden und vor allem zuzuhören, ist dabei der Schlüssel. Es ist definitiv eine Herausforderung, ein Liebespaar zu bleiben, wenn das Baby da ist. Nicht umsonst gibt es Kurse wie ›Eltern werden – ein Liebespaar bleiben‹. Ich empfehle ganz konkret, in regelmäßigen Abständen einen Termin auszumachen, um zu Abend zu essen oder spazieren zu gehen, zu kuscheln oder auch Sex zu haben. Was dabei rauskommt, spielt keine Rolle. Entscheidend ist, dass man Zeit zusammen verbringt und sich wieder ohne das Kind wahrnimmt. Auf den ersten Blick klingt das nicht romantisch, aber Romantik kann nur entstehen, wenn man den Raum dafür geschaffen hat. Wir machen Termine für alles Mögliche. Warum nicht, um die eigene Beziehung zu pflegen?«

Gabriela (44), Mama eines Sohnes (2,5 Jahre)

Meditation zur Stärkung eurer Beziehung
Dauer: 15 Minuten

Vielleicht möchtet ihr diese Meditation gemeinsam machen. Sie führt euch zueinander und kann ein wunderbarer Anlass sein, (wieder) miteinander ins Gespräch zu kommen, zu träumen, zu hoffen, aneinander zu glauben und mutig zu zweit voranzuschreiten.

Paar bleiben. Sich als Mann und Frau zu erleben und nicht als Mama und Papa, ist im Familienalltag oft schwer. Ich lade dich ein, einmal all deine Probleme, Sorgen und Gedanken für den Moment hinter dir zu lassen. Nutzt diese Minuten einmal nur für euch als Paar. Minuten, in denen ihr wieder beieinander ankommt und einen Schatz teilt, den nur ihr besitzt: euch.

In deiner Vorstellung siehst du euch beide als Paar. Ihr seid an einem Ort oder auch in einer Situation, in dem ihr beide sehr glücklich seid. Vielleicht denkst du daran, wie ihr euch kennengelernt habt, oder du siehst euch in einem eurer Urlaube. Was sich dir auch immer zeigt – es ist ein Moment, an dem es nur eins gibt: euch beide. Du fühlst dich unglaublich wohl und geborgen. Schau dich einmal ganz in Ruhe hier an eurem Ort um. Vielleicht sind da Worte aus gemeinsamen Gesprächen, die dir nun in den Sinn kommen. Oder ihr seid von einem besonderen Licht umgeben. Was es auch ist – verweile einen Moment und betrachte all die Facetten und Nuancen.

Nun siehst du, wie du in dieses Bild hineinsteigst. Es ist ganz einfach, und aus einem Bild wird die Realität. Ja, du bist in diesem Moment, der euch so nah zusammengebracht hat. Du riechst den vertrauten Geruch deines Partners, nimmst vielleicht das Schlagen seines Herzens wahr. Die Welt um euch herum scheint stillzustehen. Für diesen Moment gibt es nur euch. Nichts ist wichtiger, nichts ist schöner, als diesen Augenblick gemeinsam zu teilen. Bleib für einige Atemzüge hier und genieße das, was gerade zwischen euch ist.

Fühle einmal in dich hinein. Vielleicht nimmst du ein aufregendes Kribbeln der Verliebtheit wahr und die magische Anziehungskraft, die dein Partner in diesem Moment auf dich ausübt. Ja, die intensiven Gefühle der Liebe und der Verbundenheit sind ganz deutlich spürbar, und du weißt, dass ihr zusammengehört. Vielleicht siehst du in diesem Moment, wie ihr euch wohlwollend und voller Wärme umarmt, und du spürst, wie richtig es sich anfühlt, so nah beieinander zu sein.

Mache dir dann einmal bewusst, dass ihr euch hundertprozentig aufeinander verlassen könnt. Ihr habt Höhen und Tiefen zusammen gemeistert und werdet auch das Familienleben zusammen weiter gestalten. Ihr seid hierhergekommen. Gemeinsam. Blicke einmal zurück und erinnere dich. Gibt es etwas, das dir in den Sinn kommt, wofür du deinen Partner wertschätzen willst? Vielleicht sind es die kleinen Dinge in eurem Alltag, die er erledigt, ohne dass du etwas sagen musst. Oder es ist das ausgelassene Spiel mit euren Kindern, bei dem du sie beobachtest. Auch wenn er in Situationen anders handelt als du, so ist es doch seine Art und Weise, den Dingen zu begegnen. Und das ist gut so. Was sich dir auch immer in diesem Moment zeigt – finde anerkennende Worte für das, wie dein Partner ist und was er leistet.

Mache dir bewusst, dass du das Gefühl der Anerkennung, der tiefen Verbundenheit und der Liebe mitnehmen kannst. Es ist entstanden aus einem kleinen Samen, den ihr gesät habt. Und sieh nur, daraus ist mit der Zeit eine prachtvolle Pflanze entstanden. Kannst du starke, kraftvolle Wurzeln und einen dicken Stamm erkennen, die euch Halt und Stabilität geben? Sind da Blätter, die euch nähren? Vielleicht siehst du sogar Blüten in farbenvoller Pracht? Betrachte eure Liebespflanze für einen Moment lang.

Du weißt, es ist Arbeit, eine Pflanze zu pflegen und zu hegen. Sie braucht Wasser, Licht, gute Luft und Fürsorge, um zu wachsen und zu gedeihen. So wie die Pflanze in deinem Herzen kannst du auch eure Beziehung pflegen. Es ist ein steter Prozess, der Aufmerksamkeit und Feingefühl braucht. Du weißt, dass ihr es schaffen könnt, eure Liebespflanze am Leben zu erhalten. Lasst sie wachsen und gedeihen und erfreut euch an ihr. Nimm dir noch einen Augenblick lang Zeit.

Minimeditation in a Box

Dauer: 5 Minuten

1. Komme in deine stabile Meditationshaltung und erde dich über deine Sitzbeinhöcker. Lass deine Kiefergelenke los, entspanne die Schultern und atme zwei- bis dreimal bewusst ein und aus.

2. Reise in Gedanken an einen Ort, den du mit deinem Partner in Verbindung bringst. Suche nicht lange, sondern wähle ganz intuitiv einen Ort aus. Hier an eurem Platz fühlt ihr euch ganz als Paar.

3. Stelle dir diesen schönen Ort mit so vielen Details wie möglich vor. Welche Farben, Geräusche, Gerüche umgeben euch? Seid ihr euch nah? Berührt ihr euch? Erinnerst du dich an liebe Worte aus einem Gespräch, das ihr geführt habt? Beziehe alle Sinne mit ein und erlebe euch an diesem Ort, als würdet ihr gerade jetzt in diesem Augenblick dort sein. Genieße euer gemeinsames Glück.

4. Mache dir klar, dass ihr euch aufeinander verlassen könnt, ganz egal, welche Höhen und Tiefen auf eurem Weg liegen. Ihr beschreitet ihn gemeinsam. Seite an Seite. Finde die Stelle in deinem Körper, in der du die Verbundenheit und die tiefe Liebe zu deinem Partner wahrnehmen kannst, und lasse sie mit jedem Atemzug intensiver spürbar werden.

5. Nimm dieses Erlebnis und das Gefühl der Liebe mit in euren Alltag als Paar. Beende die Meditation mit einigen tiefen Atemzügen und kehre in deine Wirklichkeit zurück.

Routine ade

Runter von der Couch und rein ins Erleben

Regelmäßig-**O**ffen-**U**nwiderstehlich-**T**ief-**IN**takt-**E**motional-**A**ttraktiv-**D**ynamisch-**E**inzigartig

Abends lieber den Fernseher einzuschalten und Zerstreuung vom Tag zu suchen, anstatt sich bei einem Gläschen Rotwein angeregt zu unterhalten – Routinen bestimmen oft unser Leben und steuern es ganz unbemerkt. Sie sind einfach und unkompliziert, haben aber auch zur Folge, dass wir anfangen, nebeneinander her zu leben anstatt miteinander. Deshalb durchbrecht eure Routinen als Paar ganz bewusst und entdeckt euch auch im Alltag einmal ganz neu.

So geht's

Nehmt euch einen Abend in der Woche nur für euch Zeit. Alles, was ihr abends sonst macht, lasst ihr heute einmal ganz bewusst sein. So können diese Stunden euer Paar-Ritual werden, an dem ihr festhaltet – komme, was da wolle. Vielleicht besprecht ihr auch im Vorfeld, welche Themen (Kinder, Arbeit, Haushalt) ihr lieber außen vor lasst. Denn es bringt wenig, genau in diesem kostbaren Zeitfenster die alltäglichen Probleme zu wälzen. Konzentriert euch bewusst auf etwas anderes. Träumt zusammen, schmiedet Pläne und erschafft neue Erinnerungen, die euch nah zusammenbringen.

Natürlich ist es schön, sich für den Abend einen Babysitter zu organisieren, um ins Kino oder essen zu gehen. Das wird vielleicht nicht immer möglich sein. Aber das Gute ist: Ihr könnt es euch auch zu Hause unglaublich nett machen. Wann hat der eine zuletzt für den anderen etwas Leckeres gekocht? Oder auch gemeinsam? Tut es doch einfach heute. Lest euch gegenseitig ein Buch vor oder holt ein altes Fotoalbum aus dem Schrank. Vielleicht möchtet ihr euch auch einen Liebesbrief schreiben oder euch gegenseitig massieren, streicheln, liebkosen und miteinander intim werden. Einmal in der Woche die Welt aus einer anderen Perspektive betrachten – das seid ihr euch wert! Trotz der Kinder und der Herausforderungen seid ihr immer noch ein Paar, und das könnt ihr jederzeit wiederentdecken.

Wirkung

Unser Unterbewusstsein ist träge. Es liebt täglich wiederkehrende, geregelte Abläufe. Deshalb ist es so schön, aus den Routinen auszubrechen, denn genau das befeuert unsere Kreativität. Auf einmal können ganz neue Gedanken und Ideen entstehen, was ihr als Paar vielleicht ausprobieren wollt. Es bringt euch näher zueinander und sorgt für neue Impulse, die den Funken nähren, den ihr zum Entfachen eures Liebesfeuers braucht. Neue Erlebnisse entstehen, die ihr als Paar für euch in Erinnerung behaltet und Frische und Lebendigkeit in eure Zweisamkeit bringen können.

Warum es hilft – Expertinnen kommen zu Wort

Anna Brachetti hat kognitive Psychologie und Neurowissenschaften studiert und schreibt als Bloggerin auf Instagram unter *@langsam.achtsam. echt* und als freie Journalistin für unterschiedliche Magazine über achtsame Elternschaft und Nachhaltigkeit im Alltag. Über das Paar-Sein und Paar-Bleiben im Familienalltag denkt sie so:

»Manchmal glaube ich, dass wir Beziehungen zu perfektionistisch angehen. Kaum läuft etwas mal eine Weile lang nicht so, wie wir es erwarten, zweifeln wir gleich an der Beziehung. Wir werfen alte Beziehungen weg wie Gegenstände, die wir nicht mehr brauchen, und fangen lieber etwas Neues an – nur um dann wieder auf die gleichen Probleme zu stoßen.

Wenn wir Eltern werden, erwarten wir, dass uns die Kinder auf ewig verbinden werden, und sind enttäuscht, wenn die Beziehung manchmal eher noch ein größeres Auf und Ab ist als vorher. Wir haben oft ein romantisches Bild von Beziehungen, erst recht von einer mit Kindern. Dabei sind Beziehungen einfach Arbeit, regelmäßige und konkrete Arbeit an uns selbst und an der Partnerschaft. Manchmal hilft es, sich einfach noch mal bewusster zu machen, wie sehr wir unseren Partner bzw. unsere Partnerin lieben. Wir kennen sie doch, die wunderschönen Momente voller Liebe. Wir müssen uns nur daran erinnern und das Gefühl daraus im Alltag bewahren. Klappen kann das zum Beispiel mit einer Meditation, wie sie eben beschrieben wurde, oder mit regelmäßigen Auszeiten als Paar. Denn wenn wir uns regelmäßig Zeit füreinander und eben auch dafür nehmen, uns an die Liebe zu erinnern, dann wird das zum vorherrschenden Bild, das wir von unserem Partner bzw. unserer Partnerin haben – nicht die herumfliegenden Socken im Wohnzimmer, nicht das Geschirr NEBEN der Spüle, nicht die Bartstoppeln im Waschbecken oder Haare im Abfluss. Und dann wird es auch wieder leichter, uns nicht mehr als Gegner zu sehen – sondern als Partner.«

Anregungen für Gedanken und Notizen

Vielleicht möchtest du Erfahrungen oder Beobachtungen, aber auch Gedanken zum Thema »Paar sein und bleiben« festhalten. Die folgenden Fragen kannst du als Impuls oder Denkanstoß nutzen.

- *Wie könnte eure gemeinsame Paarzeit fernab von der Routine aussehen?*
- *Welche gemeinsame Aktivität möchtest du in den nächsten zwei Wochen unbedingt mit deinem Partner machen?*
- *Für was wertschätzt du deinen Partner? Und gibt es Momente, in denen du ihm genau das sagst?*
- *Was wünschst du dir in Bezug auf eure Sexualität von deinem Partner?*

Deine Mama-Kreativität – Meditation zu deiner Schöpferkraft

Kreativität hatte in meinem Leben schon immer einen großen Stellenwert, und ich genieße und liebe den Schaffensprozess, der dahintersteckt. Seitdem ich Mama bin, erfreue ich mich daran, auch mit meinen Kindern in diesem Bereich aktiv zu werden und zu sein. Ob beim Basteln, Malen oder Bauen – wir versinken dann in einem Schaffensprozess, und es ist für mich immer wieder erstaunlich zu sehen, was sich aus der kindlichen Vorstellungskraft seinen Weg an die Oberfläche bahnen darf. Allerdings habe ich auch festgestellt, dass Kreativsein mit Kindern etwas ganz anderes ist als nur für mich als Frau. In Gedanken ist mein Alltag vermeintlich voll, sodass ich glaube, keinen Raum und keine Zeit für meine Kreativität zu haben. Das frustriert mich und macht mich traurig, denn dann fehlt eine so wichtige Komponente in meinem Leben.

Genau in solchen Momenten schickt mir dieses Leben wahre Schätze, und mein Kopf kommt auf immer neue Ideen und Projekte. Wenn ich mir tagsüber die Zeit nicht nehme, erledigt mein Kopf die Gedankenarbeit nachts. Ich stehe auf, draußen ist es stockdunkel, und eine Ruhe erfüllt unser Haus, wie es selten der Fall ist. Genau dann kann alles fließen. Aufs Papier oder auch in meine unzähligen Notizbücher hinein, bis mein Geist Ruhe gibt und auch bei mir wieder die Nacht zur Nacht wird.

Früher konnte ich mit diesen Phasen in meinem Leben nicht gut umgehen, denn meistens fühle ich mich am nächsten Tag wie gerädert. Aber mittlerweile bin ich dankbar für diese Zeiten und das Neue, das dadurch entstehen kann. Die Gewissheit, dass ich jeden Tag schaffe, auch mit wenig Schlaf, habe ich für mich etabliert. So sehe ich nicht mehr die wenigen Stunden Schlaf und die Müdigkeit, sondern schaue stolz auf das, was in der Nacht entstanden ist. An solchen Tagen, an denen ich mir meiner Kreativität bewusst werde, fordere ich sie absichtlich noch ein bisschen mehr heraus, indem ich festgefahrene Routinen durchbreche. Dann wechsele ich beispielsweise mit einem der Jungs meinen Platz beim Frühstück oder fahre einen ganz anderen Weg zur Kita als sonst. Ich merke, wie dadurch mein ganzes Denken in andere Bahnen gelenkt wird und mein Gehirn auf einmal andere Dinge ausprobieren möchte.

Kreativität bedeutete für mich aber auch lange Zeit, bewertet zu werden, nicht gut genug zu sein, meinen eigenen Ansprüchen und der Vorstellung anderer, wie etwas auszusehen hat, nicht gerecht zu werden. Es war ein langer Weg, genau das loszulassen. Nicht mehr zu vergleichen und meine ganz eigene Art anzuerkennen. Das heißt nicht, dass ich gänzlich frei davon geworden bin. Gerade wenn ich male, dann gefällt mir das Resultat in den seltensten Fällen, aber trotzdem habe ich eine Art Humor dazu entwickelt. Wenn meine Jungs mal wieder mein gemaltes

Meerschweinchen für eine Katze halten, dann kann ich mit ihnen herzhaft darüber lachen.

In meinem Alltag als Mama habe ich so oft feststellen können, was es auch mit meinen Kindern macht, wenn ich mir Zeit und Raum gebe für meine ganz eigene Kreativität. Damit meine ich nicht das gemeinsame »mit den Kindern basteln«. Es ist vielmehr so, dass auch wenn meine Jungs um mich sind, meine Kreativität da sein darf und auch Platz dafür sein kann. Die Anwesenheit meiner Kinder und mein Schaffensprozess können Hand in Hand gehen.

Was Mamas dazu sagen

»Lass fließen …! Neulich habe ich das erste Mal seit einer Ewigkeit (ehrlich: Jahre!!) einfach wieder den Stift in die Hand genommen und drauflos gemalt. Das fühlte sich so gut an. Ich hatte das so sehr vermisst, dieses selbstvergessene sich Verlieren in Schaffensprozessen. Es dauerte keine zwei Minuten, und meine beiden Jungs (die NIE den Stift in die Hand nehmen) saßen einträchtig daneben und haben auch gemalt. Dabei war das gar nicht das Ziel gewesen. Ich hatte einfach nur lustlos beim Papierflieger-Basteln gesessen und gedacht: Ich mach jetzt mal das, worauf ICH gerade Lust habe. Was braucht es dazu? Ich habe gemerkt, ich brauche Zeit und ich brauche Freiraum. Und vor allem brauche ich die Erlaubnis von mir selbst: Ich darf jetzt auch was FÜR MICH machen. Und das Wichtigste: einfach mal anfangen – der Flow kommt schneller, als du denkst.«

Antje, Mama von zwei Jungs (6 und 8 Jahre)

Früher habe ich meine Bedürfnisse zurückgestellt, wenn meine Kinder da waren, und habe mich oft auf der Strecke gelassen gefühlt. Bis ich mich irgendwann einmal hinsetzte und in Anwesenheit meiner Kinder einfach meinem Impuls folgte. Ich vertiefte mich in meinen Schaffensprozess und merkte, dass diese Zufriedenheit, die ich in diesem Moment empfand, auf meine Kinder ausstrahlte. Auf einmal saßen sie mit Stift und Zettel ebenfalls am Tisch und probierten neue Dinge aus.

Das kommt nicht besonders oft vor, ist ihr Tag doch hauptsächlich mit ihrer großen Leidenschaft, dem Fußballspielen, komplett ausgefüllt. Irgendwann habe ich verstanden, dass auch das Kreativität ist, aber eben auf ihre Art. Ob mit Ball oder mit Karten, auf dem Papier oder als Kommentator, sie entwickeln unendlich viele facettenreiche Varianten von ihrem Spiel, und das fasziniert mich. Pure Kreativität, pure Lebensfreude. Aber auch offen zu sein, sich auszuprobieren und auf neuen Wegen anders kreativ zu sein, möchte ich ihnen zeigen. Deshalb sind solche Momente, wenn ich etwas authentisch vorlebe und sie es mir gleichtun, so besonders für mich. Wenn in Ruhe etwas entstehen darf, man über seine eigenen Grenzen hinauswächst, dann ist das ein wahres Fest. Für unsere Seelen. Für unseren Geist. Für uns gemeinsam.

Meditation zu deiner Schöpferkraft
Dauer: 20 Minuten

Diese Meditation führt dich an den Ort deiner ganz eigenen Kreativität und kann dir helfen, deine alten Gewohnheiten, Glaubenssätze und Routinen zu hinterfragen. Hier ist alles möglich. Du wirst merken, dass du eine innere Offenheit schaffst und so dein kreatives Potenzial entfalten kannst, denn vielleicht wartet deine Kreativität schon eine Weile, dass du wieder einmal bei ihr vorbeischaust. Sei neugierig, lass dich überraschen und beobachte ganz frei von

Wertung, was dir begegnet. Vielleicht hast du nach der Meditation einen Impuls kreativ zu werden, dann nimm dir die Zeit, gehe diesem nach und feiere ihn als Geschenk deiner Seele.

Kreativität. Ein wunderschönes Wort. In ihm stecken so viel Kraft und das Erschaffen von vorher nicht Dagewesenem. Vielleicht denkst du sofort an eine künstlerische Tätigkeit. Aber Kreativität umfasst noch so viel mehr. In deinem Mama-Alltag begegnest du bestimmt vielen Problemen, bei denen du auf dem normalen Weg schnell an deine Grenzen stößt. Oft können genau hier deine kreativen Lösungen die Antwort sein.

Doch vielleicht kennst du es auch, dass dein Kopf oft so voll ist und es für dich eine Herausforderung ist, kreativ zu werden. Es kann auch sein, dass du eine Routine entwickelt hast, die so stark ist, dass du nicht mehr offen für Neues bist. Es ist, als sei der Weg zu deiner Kreativität durch schwere Felsbrocken versperrt. Vielleicht kommen dir dann Sätze wie »Das habe ich schon immer so gemacht«, »Dafür gibt es sowieso keine Lösung« oder »Ich habe sowieso nie Zeit!« in den Sinn. Und du merkst, dass dich allein deine Gedanken davon abhalten, Neues auszuprobieren.

Mache dich genau in diesem Moment auf den Weg. Stell dir vor, du reist tief in dein Innerstes, an einen Ort, an dem du so sein kannst, wie du wirklich bist. Du lässt einen Weg vor dir entstehen, auf dem du entlang schreitest. Kannst du den weichen Untergrund spüren, auf dem du mit federleichten Schritten gehst? Vor dir siehst du nun einen Tempel. Du gehst auf ihn zu und erreichst diesen fast magischen Ort. Eine Treppe führt in den Tempel hinein. Du verspürst sofort die Lust, Stufe für Stufe hinaufzusteigen, was du nun auch wirklich tust. Du betrittst diesen Ort. Deinen Tempel der Kreativität. Du blickst dich um, und was du siehst, ist einfach wunderschön. Ein mit Licht hell durchfluteter Raum, der in deinen warmen Lieblingsfarben erstrahlt. Du fühlst dich wohl an diesem Ort, absolut sicher und geborgen. Du bist einfach wahnsinnig gerne hier.

Vielleicht spürst du, dass dich noch etwas hindert, dich in deinem Tempel ganz zu Hause zu fühlen und dich fallen zu lassen. Vielleicht kommen dir in diesem Moment Menschen in den Sinn, an die du deine Kreativität irgendwann in deinem Leben einmal abgegeben hast. Vielleicht Eltern, Geschwister, Lehrer oder auch ganz andere Personen, die dich und dein Schaffen bewertet haben. Sieh sie dir an und fordere sie in Gedanken auf, dir deine Kreativität jetzt zurückzugeben. Stück für Stück holst du dir deine Kreativität zurück, von jedem Einzelnen. Und nun hast du es geschafft, du bist jetzt wieder stolze Besitzerin deiner vollen Kreativität. Du wusstest, dass du sie zurückholen kannst, und du hast sie zurückgeholt. Genieße dieses befreiende, kräftigende Gefühl, das du vielleicht jetzt empfindest, einen Augenblick lang.

Nun, nachdem du dir wieder einen uneingeschränkten Zugang zu deiner Kreativität geschaffen hast, weißt du, dass du ihr folgen kannst. All deine Zweifel und Sorgen sind verschwunden. Vielleicht möchtest du dich einmal fragen, auf was du Antworten suchst. In welchen Bereich deines Lebens möchtest du deine Kreativität holen? Vielleicht ist es eine künstlerische Tätigkeit, möglicherweise zeigt sich deine Familie, oder aber da sind Bilder, die mit deinem Beruf in Verbindung stehen. Es kann sein, dass dir ein Wunsch begegnet, den du schon so lange hast. Nimm dir einen Augenblick lang Zeit, und sei offen für das, was sich dir zeigt. Was immer es ist, vertraue darauf, dass es das Richtige ist und dass die Lösung bereits da ist. In dir!

Schau dich einmal ganz in Ruhe um und entdecke, was es alles in deinem Tempel der Kreativität gibt. Welche Materialien liegen hier für dich bereit? Welche Gegenstände warten auf dich? Vielleicht stehen da Pinsel, Farben und eine Leinwand? Vielleicht liegen Stifte und Zettel oder Bücher bereit? Oder du entdeckst eine Nähmaschine, vielleicht Werkzeuge? Vielleicht stehen dort auch Tanzschuhe und du hörst die Melodie deines absoluten Lieblingsliedes. Nichts fehlt, alles, was du brauchst, ist perfekt angerichtet und liegt bereit. Nur für dich. Vielleicht möchtest du einfach nur in deinem Tempel sein und dir die Sachen ansehen, vielleicht spürst du aber auch die Lust und den Mut, deinem Impuls zu folgen und aktiv zu werden. Nimm dir einen Augenblick lang Zeit und beobachte dich selbst in deinem Tempel der Kreativität.

Sieh dir an, was du erschaffen hast. Du kannst so stolz auf dich sein! Deiner Kreativität sind keine Grenzen gesetzt. Nur du kannst es genau so zum Ausdruck bringen, wie du es getan hast. Ganz individuell und facettenreich. Einzigartig und authentisch. Genieße und finde einmal anerkennende Worte nur für dich!

Nun bist du bereit, deinen Tempel der Kreativität zu verlassen. Doch vorher nimm noch einmal ganz bewusst wahr, dass das hier dein Ort ist. Wann immer du Zugang zu deiner Kreativität haben möchtest, kannst du hierher zurückkehren. Mit diesem Gefühl der Sicherheit und des Vertrauens verlässt du deinen Tempel. Du läufst entlang des Weges, auf dem du gekommen bist, und kehrst allmählich in deine Wirklichkeit zurück.

Minimeditation in a Box

Dauer: 5 Minuten

1. Nimm für die Übung eine möglichst stabile Meditationshaltung ein. Schließe die Augen und lass deinen Atem fließen.

2. Kreativität. Ein wunderbarer und so viel umfassender Begriff. Spüre einmal in dich hinein und finde heraus, was Kreativität für dich bedeutet.

3. Reise in Gedanken tief in dein Inneres zu dem Ort deiner Kreativität. Vielleicht bist du lange nicht mehr hier gewesen. Dann sieh dich genau um. Welche Farben, Geräusche, Gerüche umgeben dich? Welche Gegenstände liegen für dich bereit? Beziehe alle Sinne mit ein und erlebe dich an diesem Ort.

4. Frage dich, was du an deinem kreativen Ort tun möchtest. Wenn du eine Antwort gefunden hast, beginne einfach mit deiner Arbeit, ohne lange darüber nachzudenken. Genieße dich in diesem Zustand des kreativen Schaffensprozesses.

5. Sieh dir abschließend an, was du geschaffen hast. In dir steckt eine einzigartige Künstlerin. Lasse das Gefühl des Stolzes, der Zufriedenheit und der Anerkennung für dich selbst in dir entstehen und lade es ein, sich in deinem ganzen Körper auszubreiten.

6. Nimm einige tiefe und gleichmäßige Atemzüge und beende die Meditation, indem du achtsam die Augen öffnest.

Mandala

Greif zu den Stiften und komm in deinen kreativen Flow

Magisch-Atemberaubend-Natürlich-
Dynamisch-Anziehend-Leuchtend-Anregend

Der Begriff Mandala stammt aus dem indischen Sanskrit und bedeutet Kreis oder Kreisbild. Dabei ist das Mandala meist so aufgebaut, dass Muster und Motive symmetrisch um einen Mittelpunkt herum angeordnet sind. Ursprünglich hatte das Mandala eine religiöse oder auch esoterische Bedeutung, ist heute jedoch ebenfalls losgelöst davon als Entspannungsmethode und Freizeitgestaltung zu betrachten. Du kannst hier deiner Kreativität freien Lauf lassen und beim Schaffensprozess die Wirkung an dir beobachten. Wenn du es nach dem Ausmalen aufmerksam betrachtest, eignet es sich zudem wunderbar als Meditationsobjekt.

So geht's

Für das Ausmalen des Mandalas eignen sich besonders gut Buntstifte. Für Konturen kannst du zusätzlich Fineliner benutzen. Durch die von dir gewählten Farben hast du die Möglichkeit, deine Gefühle zur Geltung zu bringen. Ob du kräftig oder auch ganz sachte mit den Stiften aufdrückst, mit Schattierungen oder Farbverläufen arbeitest, kann ebenfalls eine Aussagekraft haben.

Es kann wunderbar sein, wenn du beim Gestalten nicht viel grübelst und einfach loslegst. Vertraue auf deine Kreativität, dann findet das für dich zu diesem Zeitpunkt Richtige ganz intuitiv seinen Weg aufs Papier. Manchmal gehört ein bisschen Mut dazu, gerade wenn du als Mama schon lange nicht mehr für dich kreativ gewesen bist. Doch du bist mutig! Greif zum Stift und probiere es aus. Beobachte dich beim Gestalten ohne Wertung.

Wirkung

Das Malen eines Mandalas ist ein konzentrierter, kreativer Schaffensprozess, der deine Emotionen zum Ausdruck bringt und dich innerlich ruhig werden lässt. Wenn du mit den Händen arbeitest, hilft dir vielleicht genau das, deine Gedankenspiralen zu durchbrechen, und du richtest den Fokus auf eine Sache. So präsent im Hier und Jetzt angekommen, geraten Stress und Hektik des Tages in Vergessenheit. Nur du allein erschaffst etwas Einzigartiges. Dabei erlebst du vielleicht ein unglaubliches, von Stolz begleitetes Erfolgserlebnis, denn aus einer einstmals schwarzweißen Vorlage entsteht Stück für Stück mit jedem Strich ein farbenfrohes Gesamtwerk. Übrigens kommen auch Kindern durch das Ausmalen von Mandalas zur Ruhe und sind in der Lage, ausdauernd über einen längeren Zeitraum konzentriert ein Werk zu vollenden.

Warum es hilft – Expertinnen kommen zu Wort

Lena Katrin Weber ist Kreativpädagogin und Mitbegründerin von *peters. toechter*, einem Atelier der Kreativität und Achtsamkeit in Hessen. Daher setzt sie sich sowohl privat als Mama, aber auch beruflich mit dem Thema Kreativität intensiv auseinander. Lena Katrin schreibt darüber:

»Kreative Prozesse sind für mich immer eine kleine Reise zu mir selbst. Ähnlich wie ein Mandala aufgebaut ist, verhelfen sie uns dazu, den Fokus vom Außen ins Innen zu richten und in einen Flow-Zustand zu geraten. Sie in den Alltag zu integrieren, egal in welcher Form, birgt großes Potenzial, weil sie uns in unserem Kern ankommen lassen.

In unseren Atelier-Workshops erleben wir, welche Kraft kreative Prozesse besonders auf Mamas haben. Wie sie beflügeln, zu Leichtigkeit und Freude an der eigenen schöpferischen Energie verhelfen und daran erinnern, wer man eigentlich ist. Kreative Energie steckt in jedem von uns. Ihr unsere Aufmerksamkeit zukommen zu lassen, ist ein wertvolles Geschenk an uns und unsere Kinder.«

Anregungen für Gedanken und Notizen

Vielleicht möchtest du Erfahrungen oder Beobachtungen, aber auch Gedanken zum Thema »Deine Mama-Kreativität« festhalten. Die folgenden Fragen kannst du als Impuls oder Denkanstoß nutzen.

- *Wann bist du das letzte Mal für dich kreativ gewesen?*
- *Welchen Wunsch oder auch welches Vorhaben hast du, wenn du daran denkst, wieder einmal kreativ zu sein, und was hält dich davon ab, in einen aktiven Schaffensprozess zu gelangen?*
- *Was unterstützt dich dabei, in deinen kreativen Flow zu kommen?*
- *In welchem Lebensbereich suchst du nach Antworten und kreativen Lösungsansätzen?*

Du bist die Löwin – Meditation zur Kraftstärkung im Mama-Alltag

Machen wir uns nichts vor. Der Mama-Alltag ist eine Bärenaufgabe, die jeden Tag von morgens bis abends gelöst werden will, ohne dass man manchmal auch nur eine Verschnaufpause hat. Da stehen auf der einen Seite meine Kinder, für die ich verantwortlich bin. Doch es geht nicht nur darum, den organisatorischen Anteil zu stemmen, sie in die Kita oder zur Schule zu bringen und danach zum Sportplatz oder zu Verabredungen. Manchmal haben sie völlig andere emotionale Stimmungen, die ich auffangen und abpuffern muss. Dabei spielt es eigentlich kaum eine Rolle, wie ich mich gerade fühle. Die Bedürfnisse sind da und wollen gesehen und gestillt werden. Und das ist ja auch normal und gut so. Aber auch die parallelen Anforderungen im Job und der Druck unerledigter Aufgaben fordern eine Menge an Kraft und Energie. Am Abend fühle ich mich dann oftmals total ausgesaugt und erledigt. Meine Akkus scheinen völlig entladen und leer zu sein. Wenn ich dann an den nächsten vor mir liegenden Tag denke, an dem so vieles ansteht, alles durchgetaktet ist und ich schon im Vorfeld weiß, dass ich keine Pause haben werde, frage ich mich einfach nur: »Wie soll ich das bloß alles schaffen?« Niedergeschlagen gehe ich an solchen Tagen ins Bett, und obwohl ich todmüde bin, habe ich in manchen Nächten kein Auge zugetan, weil ich in Gedanken schon bei den Aufgaben von morgen war.

Irgendwann dachte ich mir, dass das doch auch anders gehen muss. Ich habe angefangen, mich nicht mehr darüber zu beklagen und habe Sätze wie: »Ich kann jetzt aber echt nicht mehr!« seltener gedacht und noch seltener gesagt. Was würde passieren, wenn ich den Spieß einfach einmal umdrehen würde und mit Neugierde beobachte, was dann wohl geschieht? Anstatt also wie sonst immer meine Kraft, die, je später es am Tag ist, schwinden zu sehen, stellte ich mir vor, dass mit jeder Aufgabe, jeder Erledigung mehr Kraft hinzukommt. Und das macht mental einen riesig großen Unterschied. Zudem hat es mir enorm geholfen, eine Gelassenheit zu entwickeln. Warum muss ich die Wäsche auch noch an Tagen waschen, an denen ich sowieso schon genug zu erledigen habe? Dinge auch mal sein zu lassen und mit einem Zwinkern über unerledigte Aufgaben hinwegzusehen, hat mir bisher nie geschadet. Denn eine halbwegs saubere Hose habe ich noch aus jedem Schrank gezogen.

Natürlich bin ich abends müde, aber trotzdem schaffe ich es, mit meinen Kindern ein schönes Abendritual zu gestalten und ihnen vorzulesen, mit ihnen zu singen und sie noch einmal liebevoll in den Arm zu nehmen. Da ist oftmals so unglaublich viel Kraft, an die ich manchmal selbst schon gar nicht mehr geglaubt habe. Dann denke ich: »WOW, was bist du nur für eine Löwin, was hast du nur für eine Power!« Mir selbst Anerkennung zu schenken für das, was ich leiste, ist ein wertvolles, selbst gemachtes Geschenk. Sogleich ist die Kraft zurück, und ich greife an manchen Abenden dann sogar noch zu einer Lektüre, die bereits seit Monaten unberührt im Schrank liegt! Aber das kommt nun wirklich sehr, sehr selten vor …

Was Mamas dazu sagen

»Mama-Kraft. Ein schwieriges Thema für mich. Seit meine Kleine acht Monate ist, bin ich von ihrem Papa getrennt und alleinerziehend. Meine Akkus sind schnell leer, und es ist keine Zeit da, sie aufzufüllen. Die Sorge um die Finanzen, keinen Betreuungsplatz zu finden, keine Entlastung zu haben, das geht sehr an meine Substanz. Um jeden Preis möchte ich, dass meine Tochter unbeschwert ihre Kindheit erlebt und meine Sorgen und Erschöpfung nicht ihre werden. Klappt so semi-gut.«

Ricarda (38), Mama einer Tochter (3 Jahre)

»Social Media raubt mir so viel Zeit und Kraft. Die ganzen Diskussionen und Dringlichkeiten fühlen sich so real an, aber genau das aktiviert das Stresszentrum. Natürlich kann es auch helfen, aber ich versuche achtsam damit umzugehen, damit ich Energie für meine Kinder habe.«

Diana (40), Mama von zwei Töchtern (7 und 10 Jahre)

Meditation zur Kraftstärkung im Mama-Alltag

Dauer: 20 Minuten

Vielleicht fühlst du dich manchmal kraftlos und ausgezehrt von den ganzen Anforderungen deines Alltags. Ob körperlich oder auch emotional, als Mama leistest du so unglaublich viel. Nutze die Meditation, um deine ganz persönlichen Kraftreserven wieder aufzufüllen und mit neuer Power in deinen verbleibenden Tag zu starten.

Nimm dir einmal Zeit, fühle in diesem Moment in dich hinein und frage dich ganz ehrlich, wie es dir gerade geht. Vielleicht möchtest du dir hierfür deine Kraftskala vorstellen. Sie gleicht einer Art Thermometer, mit einer Anzeigeskala von eins bis zwanzig. In der Mitte befindet sich dein Kraftsensor, also ein Zeiger, der sich nach oben und unten bewegen kann. Er zeigt dir an, wie viel Kraft du gerade hast. Schau einmal genau hin. Wo pendelt sich dein Kraftsensor auf der Skala ein? Befindet er sich eher im unteren Bereich, dann hast du wenig Kraft, pendelt er sich eher in der Mitte ein oder steigt er sogar bis ganz oben? Lass dir einen Augenblick lang Zeit, um deine Kraft in diesem Moment zu bestimmen.

Nun stell dir vor, du hast einen Tag hinter dir, an dem du sehr viel getan hast. Ob in der Arbeit, im Haushalt oder mit der Familie. Du hast körperlich oder auch emotional viel geleistet. Wenn du dir deine Kraftskala vorstellst, dann siehst du vielleicht, wie sich der Sensor im unteren Bereich befindet. Aber nun mach dir einmal klar, was für eine kraftvolle Frau du bist. Du schaffst so viel! Du bist ein wahres Organisationstalent! Und für jede Aufgabe, die du erledigt hast, siehst du, wie deine Kraft anstatt weniger immer mehr wird.

Du stehst jeden Morgen auf und sorgst dafür, dass ihr als Familie einen guten Start in den Tag habt. Und du siehst, wie der Kraftsensor steigt.

Du sorgst dafür, dass deine Kinder sich anziehen und optimal ausgestattet sind für ihren Tag in der Kita oder auch in der Schule. Und du siehst, wie dein Kraftsensor noch mal steigt.

Du gehst die Wege zwischen eurem Zuhause, den Orten, wo deine Kinder betreut werden, und deiner Arbeit. Und du siehst, wie dein Kraftsensor steigt.

Du arbeitest oder erledigst den Haushalt. Und du siehst, wie dein Kraftsensor noch weiter steigt.

Du sorgst dafür, dass ihr zu Essen habt. Du kochst und kaufst ein. Und du siehst, wie dein Kraftsensor weiter steigt.

Du organisierst euren Familiennachmittag. Vielleicht sind da Verabredungen oder andere Aktivitäten. Vielleicht gibt es Streit zu schlichten oder es sind Hausaufgaben zu erledigen. Du motivierst, stehst bei und erträgst. Und du siehst, wie dein Kraftsensor noch weiter steigt.

Du findest Zeit nur für dich oder richtest Zeiten gemeinsam mit deinem Partner ein. Und du siehst, wie dein Kraftsensor steigt.

Du gestaltest euren Abend mit allen Ritualen, die deine Kinder brauchen, um gut zur Ruhe zu kommen. Und du siehst, wie dein Kraftsensor steigt.

Schau, was du alles vollbracht hast an deinem Mama-Tag. Du bist eine Löwin. So kraftvoll, so wunderbar. Und sieh dir deinen Kraftsensor nun einmal an. Anstatt weniger hast du immer mehr Kraft gewonnen. Mit jedem Schritt, den du gegangen bist. Deine Stärke, dein Stolz, deine Anerkennung. Nun ist der Sensor ganz oben an der Skala angelangt und du bist erfüllt von einem warmen Gefühl. Egal, wo du es wahrnehmen kannst, verweile einen Augenblick lang und lass es intensiver werden und wachsen.

Jetzt, wo dein Kraftsensor ganz oben angekommen ist, kannst du auf Entdeckungsreise gehen. Wo möchtest du noch kraftvoll sein? Gibt es einen Bereich in deinem Leben, den du stärken möchtest? Vielleicht kommt dir deine Familie in den Sinn, vielleicht deine Arbeit, vielleicht deine Kreativität oder etwas ganz anderes. Dabei kannst du auch ganz intuitiv sein. Manchmal ist es gut, wenn man den allerersten Gedanken nimmt, der einem eingefallen ist. Egal, wie es sich zeigt, lass es zu und gib dir einen Augenblick lang Zeit, um deinen Lebensbereich zu finden.

Nun schau einmal deinen Kraftsensor aus diesem Lebensbereich an. Bei welcher Zahl befindet er sich? Nun hole dir noch einmal das warme Gefühl deiner Stärke, deines Stolzes und deiner Anerkennung ins Bewusstsein. Mach dir klar, was du bisher alles geschafft hast. Du bist bis zu dem Punkt gegangen, an dem du heute stehst. Übertrage genau das auf deinen ausgewählten Lebensbereich. Du kannst es schaffen, deine Kraft hierher zu holen. Wie einen kleinen Samen, den du heute säst, wird deine Kraft in diesem Bereich wachsen. Genau wie zuerst ein kleiner Keimling aus dem Samen wird, siehst du ihn wachsen, bis er schließlich zu einer beachtlichen Pflanze, vielleicht sogar zu einem Baum geworden ist. Mit starken Wurzeln und stabilem Stamm. Mit Blättern und wunderschönen Blüten. Genauso wird deine Kraft erblühen und dich stärken.

Schau dir an, was diese Vorstellung mit deinem Kraftsensor macht. Sieh nur, wie der Sensor allmählich steigt. Er steigt und steigt. Und dann füllst du deine Kraftreserve ganz schnell bis ganz nach oben auf. Du merkst, wie leicht es dir fällt. Du füllst deine Kraft auf, bis der Kraftsensor für diesen Bereich deines Lebens ganz oben auf der Skala bei 20 angekommen ist. Du hast es geschafft und hast dir deine Kraft in deinen Lebensbereich geholt. Genau so, wie du es dir vorgenommen hast. Spüre dem aufkommenden wunderbaren Gefühl nach und genieße deine wiedergekehrte Kraft. Betrachte dich nun einmal. Du siehst dich, du siehst deinen kraftvollen Körper und deinen kraftvollen Geist. Du bist einfach nur wunderschön. Du kannst und wirst alles schaffen!

Nun ist es an der Zeit, deine Reise allmählich behutsam abzuschließen. Mach dir noch einmal klar, dass du jederzeit zu deinem Kraftsensor zurückkehren kannst, um dir genau das zu holen, was du brauchst, und deine Kraftreserven wieder aufzutanken.

Minimeditation in a Box

Dauer: 5 Minuten

1. Wähle eine Meditationshaltung mit aufrechtem Rücken. Schließe deine Augen und atme tief ein und wieder aus. Spüre die Verbindung zu dir.

2. Du bist eine Mama-Löwin. Sieh einen ganz normalen Tag von dir an deinem inneren Auge vorbeiziehen und nimm wahr, was du alles schaffst. Schau nur, mit jeder Erledigung, jedem Haken auf deiner To-do-Liste und je weiter dein Tag voranschreitet, wird deine Kraft nicht weniger, sondern mehr. Was für ein unglaubliches Gefühl. Betrachte dich, wie kraftvoll und stark du am Ende deines Tages bist, und genieße diese ganz neue Wahrnehmung.

3. Du weißt, dass du alles schaffen wirst, weil du die Kraft dazu hast. Betrachte einen Lebensbereich, in dem dir scheinbar deine Mama-Power fehlt. Hole dir dann das Gefühl und das Bild von dir als kraftvoller, starker Mama zurück in dein Bewusstsein und übertrage es auf diesen Bereich. Es ist ganz leicht. Übertrag es jetzt und sei neugierig, was passiert.

4. Wo in deinem Körper fühlst du deine Mama-Kraft besonders intensiv? Bleibe hier mit deiner Aufmerksamkeit und lasse dieses Gefühl mit jedem Atemzug noch größer werden, bis es dich ganz erfüllt. Genieße dich und deine Power! Beende die Meditation mit einigen tiefen Atemzügen. Öffne deine Augen und kehre behutsam in deine Wirklichkeit zurück.

Kriegerin

Yoga-Asana für mehr Kraft im Mama-Alltag

Kraftvoll-Intensiv-Erkennend-Grenzenlos-Energiegeladen-Robust-Innehaltend

Im Mama-Alltag ist es nicht immer einfach, die Yogamatte auszurollen, und vielleicht hast du schon längere Zeit mit genau diesem Gedanken gespielt. Vielleicht hilft es dir, die Vorstellung loszulassen, dass du stundenlang auf der Matte verbringen musst, um es wirklich zu tun. Es ist ganz fantastisch, wenn du auch »nur« eine Asana ausführst, und du kannst dir selbst im Anschluss daran anerkennend auf die Schulter klopfen. Du hast heute etwas für deinen Körper getan! Wunderbar! Du bist eine Kriegerin!

So geht's

Mache mit dem rechten Fuß einen weiten Ausfallschritt nach vorne und positioniere die Fußspitzen zum Mattenanfang. Wenn du auf einer Yogamatte stehst, dann richtest du den linken Fuß parallel zum Ende deiner Matte aus. Achte darauf, dass beide Füße aktiv sind und lasse dein Steißbein Richtung Boden streben. Dein Brustbein streckst du Richtung Himmel und die Schultern und deine Kiefergelenke sind entspannt.

Beuge nun das rechte Knie, sodass es sich über deinem Knöchel befindet. Das linke Bein streckst du durch. Atme ein, nimm deine Arme nach oben und richte sie parallel zum Boden in einer waagerechten Stellung aus. Dabei zeigen deine

Handflächen zum Boden. Du drehst deinen Kopf sanft nach rechts, sodass dein Blick über die rechte Hand nach vorne gerichtet ist. Wenn du dich mehr fordern willst, kannst du gerne mit den Beinen noch tiefer gehen. Nimm in dieser Position vier vollständige Atemzüge.

Komme aus der Haltung, indem du deine Arme absenkst und die Beingrätsche sanft löst. Schüttele dich einmal aus und wiederhole die Übung mit der anderen Körperhälfte.

Wirkung

Die Kriegerin ist eine sehr, sehr kraftvolle Asana aus dem Yoga. Du spürst in der Haltung die Kraft, die deinem Körper innewohnt. Diese Übung erfordert eine Menge Bein- und Gesäßmuskelarbeit, aber auch für die Schultern und die Armmuskulatur kann sie durchaus eine Herausforderung darstellen. Du kräftigst viele muskuläre Bereiche deines Körpers, gleichzeitig stärkst du deine Balance und deine Standfestigkeit. Wenn du dich kraft- und mutlos fühlst, dann ist das genau die richtige Position für dich. Hol dir die Kraft, das Selbstbewusstsein und den Mut und sage dir, dass du alles schaffen wirst! Schaue in deine Zukunft nach vorne und spüre deine Löwinnenkraft als Mama.

Warum es hilft – Expertinnen kommen zu Wort

Die innere Kriegerin im Alltag finden, das möchte auch Sarah Müggenburg. Die zweifache Mama, Yogalehrerin und Mitbegründerin von *Keleya*, der Yoga-App für die Schwangerschaft, beschreibt ihren Alltag und das Praktizieren der Kriegerin so:

»Als Mama von zwei sehr charakterstarken und lebhaften Jungs und Business-Mom kann ich dieses Gefühl von Überforderung gut nachvollziehen, #mamaimspagat. Manchmal bin ich so müde, wenn ich aus dem

Büro komme, und dann ist noch der Nachmittag mit Kids, Haushalt, Termine jonglieren, Hausaufgaben und Kinder ins Bett bringen übrig. Der letzte Punkt dauert am längsten, da meine Jungs, egal, wie der Tag war, schier unermüdlich sind und das Zu-Bett-Bringen eine nicht enden wollende Aufgabe ist. Morgens geht das ganze Kommando dann wieder andersrum, was nicht minder herausfordernd ist. Die Kriegerhaltung ist für solche Situationen und vorbeugend wirklich ein Power-Tool: Sie gibt mir unglaublich viel Kraft und Gelassenheit und verleiht mir zusätzlich eine innere Haltung von ›Ich schaffe das‹, auch wenn die (Wäsche-)Berge vor mir noch so hoch scheinen.«

Anregungen für Gedanken und Notizen

Vielleicht möchtest du Erfahrungen oder Beobachtungen, aber auch Gedanken zum Thema »Du bist die Mama-Löwin« festhalten. Die folgenden Fragen kannst du als Impuls oder Denkanstoß nutzen.

- *Wo fühlst du dich schon kraftvoll und stark?*
- *Was sind deine Kraftfresser im Alltag? Kommt dir eine Idee, wie du aus deinen Kraftfressern Kraftspender machen kannst?*
- *Welcher deiner Lebensbereiche darf noch kraftvoller werden?*

Dein Rückblick

Nun hast du regelmäßig meditiert, und vielleicht ist es sogar so, dass Meditation zu einem festen Bestandteil deines Alltags geworden ist. Es kann für dich sehr spannend sein, einmal Revue passieren zu lassen, was alles in der Zeit geschehen ist. Vielleicht möchtest du an den Anfang des Buches blättern, um noch einmal nachzulesen, was deine Wünsche, Ziele und Vorstellungen von Meditation waren. Oder aber du schlägst noch einmal eine ganz bestimmte Meditation auf und liest dir deine Notizen und Gedanken rückblickend durch. Nimm dir einen Augenblick lang Zeit und betrachte deine Meditationserfahrungen mit etwas Abstand. Gerne kannst du die folgenden Fragen als Denkanstoß nutzen.

Welche Wünsche und Ziele hast du für dich erreichen können?

....

Was brauchst du weiterhin?

....

Hat sich vielleicht in dir etwas geändert?

....

*Bist du durch deine Meditationspraxis ruhiger,
kraftvoller, stressfreier, geduldiger, kreativer oder
etwas ganz anderes geworden?*

....

*Hat sich etwas in der Bindung zu deinen Kindern
oder zu anderen Menschen verändert?*

....

Konntest du neue Verhaltensweisen etablieren und alte loslassen?

....

Was ist dein absolutes Meditationshighlight gewesen?

....

Gibt es etwas, womit du gar nicht gerechnet hast?

....

Denke immer daran, was für eine wunderbare und einzigartige Mama du bist! Du bist genau so richtig, wie du bist, und du wirst deinen Weg weiterhin gehen! Kraftvoll und leicht!

Links, Blogs, Apps und Podcasts

Das *Mama Yoga Love Mag* von Kathrin Mechkat: www.momazing.de
Yoga-Blog von Stefanie Weyrauch: www.yogastern.com
Blog zum Thema Bedürfnisorientierung von Anna Brachetti:
www.langsam-achtsam-echt.de
Blog über das Muttersein von Jule Tilgner:
www.hebammezauberschoen.de

Podcast zum Thema Geburt von Jennifer Wolf:
www.geburt-mit-flow.de

Meditations-App: www.insighttimer.com
Yoga- und Meditations-App für die Schwangerschaft: www.keleya.de

Alles zum Thema Schwangerschaft, Geburt, Familie und Frau-Sein von
den Gebärmüttern: www.gebaermuetter.com

Aromatherapie für Familien mit Bettina Görner: www.aetherio.de
Meditationen in und nach der Schwangerschaft: www.kamija.de
Kreativatelier für die ganze Familie von Lena Katrin Weber:
www.peters-toechter.de

Download-Bereich

Unter folgendem Link kannst du dir drei von mir gesprochene Meditationen kostenlos downloaden: **www.koesel.de/mama-meditationen**

Zum Weiterlesen

Black, David S./O'Reilly, Gillian A./Olmstead, Richard/Breen, Elizabeth C./Irwin, Michael R.: *Mindfulness Meditation and Improvement in Sleep Quality and Daytime Impairment Among Older Adults With Sleep Disturbances.* In: JAMA Intern Med. 175, H. 4 (2015), S. 494–501; online: doi:10.1001/jamainternmed.2014.8081

Helten, Andrea: *Yoga für dich und dein Kind.* München: riva Verlag 2017

Hoffmann, Ulrich: *Meditation. Mein Übungsbuch für mehr Wohlbefinden und Gelassenheit.* 4. Auflage. München: Gräfe und Unzer Verlag 2015

Hölzel, Britta K./Carmody, James/Evans, Karleyton C./Hoge, Elizabeth A./Dusek, Jeffery A./Morrgan, Lucs/Pitman, Roger K./Lazar, Sara W.: *Stress Reduction Correlates with Structural Changes in the Amygdala.* In: Social Cognitive and Affective Neuroscience 5, H. 1 (2010), S. 7–11; online: doi: 10.1093/scan/nsp034.

Michel, Katrin: *Mama werden, Mama sein. Das Meditationsbuch für die achtsame Schwangerschaft, Geburt und erste Zeit mit Baby.* Eigenverlag 2017

Ott, Ulrich: »Meditation«. In: Petermann, Franz/Vaitl, Dieter (Hg.): *Entspannungsverfahren. Das Praxishandbuch.* 4., überarb. Auflage. Weinheim: Beltz Verlag 2009, S. 145–153

Ott, Ulrich: *Meditation für Skeptiker. Ein Neurowissenschaftler erklärt den Weg zum Selbst.* 4. Auflage. München: Droemer 2015

Rainer-Trawöger, Katharina: *Yoga für Schwangere.* München: riva Verlag 2016

Schasteen, Maria L.: *Duft-Medizin: Ätherische Öle und ihre therapeutische Anwendung.* Amerang: Crotona Verlag 2016

Schasteen, Maria L.: *Duftmedizin für Kinder: Ätherische Öle und ihre therapeutische Anwendung bei Babys, Kindern und Jugendlichen.* Amerang: Crotona Verlag 2017

Stadelmann, Ingeborg: *Bewährte Aromamischungen: Mit ätherischen Ölen leben – gebären – sterben.* 4. Auflage. Wiggensbach: Stadelmann Verlag 2006